KRIEG und FRIEDEN

KRIEG UND FRIEDEN

1945 UND DIE FOLGEN IN BRANDENBURG

KRIEG UND FRIEDEN
1945 UND DIE FOLGEN IN BRANDENBURG
KULTURLAND BRANDENBURG 2020

Herausgeber:
Brandenburgische Gesellschaft für Kultur und Geschichte gGmbH, Kulturland Brandenburg

Konzeption und Redaktion:
Christian Müller-Lorenz und Noemi Schneider

Bildkonzeption und Fotos:
Frank Gaudlitz

Inhalt

Norbert Frei
6 **Kriegsende 1945**

Aleida Assmann
16 **Was ist Frieden?**

26 **Verlorene Jugend**

Christian Müller-Lorenz
52 **Zwischen »Befreiung« und »Katastrophe«**
Der 8. Mai 1945 in der Erinnerung

Manja Präkels
60 **Unterm Gras die Knochen**

66 **Unsterbliches Regiment**

Katinka Meyer
74 **Selektives Erinnern**
Der Umgang mit dem Zweiten Weltkrieg in ostdeutschen Familien

Andreas Weigelt
82 **Spuren, die nach uns suchen**

90 **Waldlagerfunde**

Im Gespräch mit Thomas Kersting
108 **Krieg und Terror stecken im Boden**
Zeitgeschichte als Thema der Archäologie

Andreas Röhring
117 **Brandenburg zwischen militärischen Altlasten und Friedensdividende**
Von der Abrüstung zur Konversion

Matthias Simmich
125 **Zwischen Krieg und Frieden**
Die Potsdamer Konferenz im Schloss Cecilienhof

130 **Brandenburger Zeitschnitte 1945–2020**

Christoph Bernhardt
156 **Grundlinien der Stadtentwicklung im Land Brandenburg von 1945 bis 1990**

Michael Zajonz
162 **Verloren, verdrängt, bewahrt, geheilt?**
Wiederaufbau in Potsdam zwischen subversiver Kraft des Bewahrens und Abkehr vom Alten

Knut Elstermann
170 **Der Krieg im Frieden**
Filme aus Babelsberg

176 **Anhang**

Norbert Frei

Kriegsende 1945

Martha Gellhorn hatte Deutschland schon einmal bereist, im Jahr der Olympischen Spiele 1936. Nun, im Frühjahr 1945, stieß sie mit den alliierten Truppen von Westen her ins Innere des Reiches vor – als *embedded journalist*, wie wir heute sagen würden. Ihre Eindrücke hielt die Amerikanerin Anfang April im Rheinland fest: »Niemand ist ein Nazi. Niemand ist je einer gewesen. Es hat vielleicht ein paar Nazis im nächsten Dorf gegeben, und es stimmt schon, diese Stadt da, zwanzig Kilometer entfernt, war eine regelrechte Brutstätte des Nationalsozialismus. Um die Wahrheit zu sagen, ganz im Vertrauen, es hat hier eine Menge Kommunisten gegeben. Wir waren schon immer als Rote verschrien. Oh, die Juden? Tja, es gab eigentlich in dieser Gegend nicht viele Juden. Zwei vielleicht, vielleicht auch sechs. Sie wurden weggebracht. (Ich hab einen Juden versteckt, er hat einen Juden versteckt, alle Kinder Gottes haben Juden versteckt.) Wir haben nichts gegen Juden; wir sind immer gut mit ihnen ausgekommen. Wir haben lange schon auf die Amerikaner gewartet. Ihr seid gekommen und habt uns befreit. Ihr seid gekommen, um uns einen Freundschaftsdienst zu erweisen. Die Nazis sind Schweinehunde.«

Das herbe Stakkato der prominenten Reporterin war durchaus repräsentativ für die Gefühle, die solche ersten Begegnungen mit den Deutschen auslösten. Nicht nur einfache GIs und hochrangige Militärplaner, auch die mitmarschierenden Korrespondenten und Fotografen, darunter auffallend viele Frauen, hatten anderes erwartet: fanatisierte Hitler-Anhänger, weltanschauungsfeste Ideologen, »Werwölfe«. Doch statt der gefürchteten braunen Guerilla erlebten Gellhorn und ihre Kollegen vor allem Gejammer: »Wir haben nichts Unrechtes getan; wir sind keine Nazis. Man müsste es vertonen. Dann könnten die Deutschen diesen Refrain singen, und er wäre noch besser. Sie reden alle so. Man fragt sich, wie die verabscheute Nazi-Regierung, der niemand Gefolgschaft leistete, es fertigbrachte, diesen Krieg fünfeinhalb Jahre lang durchzuhalten.«*

Als Martha Gellhorn diese Beobachtungen niederschrieb, hatte die Wehrmacht noch nicht kapituliert. Aber Tag für Tag boten sich den von Westen und Osten vorrückenden Truppen der Alliierten neue Schreckensbilder: Buchenwald, Bergen-Belsen und zahlreiche Außenlager wurden befreit, am 22. April 1945 Sachsenhausen, eine Woche später schließlich auch Dachau. Das Grauen, das Soldaten wie Presseleute in den KZs empfanden, war groß. Denn seit den »Evakuierungen« und »Todesmärschen« der vorangegangenen Wochen herrschten dort Zustände, die vergleichbar schienen mit dem, was inzwischen über Majdanek und vor allem über Auschwitz bekannt geworden war, die von der Roten Armee schon Monate zuvor entdeckten Konzentrations- und Vernichtungslager »im Osten«.

Befreiung von der Pest des Nationalsozialismus

Vielleicht noch größer als der Schock über die Leichenberge war im Frühjahr 1945 die Empörung der Alliierten über die Reaktionen der Deutschen. So zum Beispiel in Buchenwald bei Weimar, wo auf Befehl von US-General George Patton, dessen Panzertruppen das Konzentrationslager am 11. April erreicht hatten, weit über eintausend Bürger der Stadt mit der Situation auf dem nahegelegenen Ettersberg konfrontiert wurden. Margaret Bourke-White, Fotografin der berühmten Illustrierten *Life*, war dabei: »Dort warteten die Zwangsarbeiter und politischen Gefangenen darauf, mitanzusehen, wie die Deutschen gezwungen wurden, den Haufen ihrer toten Kameraden anzuschauen. Frauen fielen in Ohnmacht oder weinten. Männer bedeckten ihr Gesicht und drehten die Köpfe weg. Als die Zivilisten immer wieder riefen: ›Wir haben nichts gewußt! Wir haben nichts gewußt!‹, gerieten die Ex-Häftlinge außer sich vor Wut. ›Ihr habt es gewußt‹, schrien sie. ›Wir haben neben euch in den Fabriken gearbeitet. Wir haben es euch gesagt und dabei unser Leben riskiert. Aber ihr habt nichts getan.‹ Natürlich hatten sie es gewußt, wie fast alle Deutschen.«[1]

Das Verhalten der Deutschen erregte nicht nur den Zorn der Journalisten. General Dwight D. Eisenhower, der Oberbefehlshaber der alliierten Streitkräfte in Europa, besichtigte am 12. April 1945 Ohrdruf, ein Außenlager von Buchenwald in der Nähe von Gotha, das die SS kurz vor Ankunft der Amerikaner aufgegeben hatte. »I never dreamed that such cruelty, bestiality, and savagery could really exist in this world! It was horrible«, schrieb er drei Tage später seiner Frau. Und gegenüber Generalstabschef George C. Marshall betonte er: »I made the visit deliberately, in order to be in position to give first-hand evidence if ever, in the future, there develops a tendency to charge these allegations merely to ›propaganda‹.«[2]

Bereits eineinhalb Wochen später bestiegen in New York 18 renommierte Zeitungsleute auf Einladung des Kriegsministeriums eine Militärmaschine mit Ziel Europa. Die Delegation sollte sich selbst ein Bild von dem »unbeschreiblichen Horror« machen, der Eisenhower so empört hatte. Tatsächlich gaben nach dieser Exkursion viele amerikanische Tageszeitungen und Illustrierte ihre bis dato hochgehaltene Skepsis auf, die sie nicht nur gegenüber den sowjetischen Nachrichten aus Auschwitz, sondern auch gegenüber den Berichten und Bilddokumenten ihrer eigenen Kriegskorrespondenten gehegt hatten. Und vorbei war es nun auch mit der – durchaus rassistisch unterlegten – Neigung, einen Unterschied zu machen zwischen dem Kampf gegen Japan und dem Kampf gegen Deutschland: eine Tendenz, die in der amerikanischen Presse lange spürbar gewesen war.

Zwar gab sich das »Dritte Reich« noch immer nicht geschlagen – am 20. April, seinem letzten Geburtstag, behängte Hitler im Hof der Reichskanzlei halbe Kinder mit dem Eisernen Kreuz, um sie danach zurück zum »Volkssturm« zu schicken, in die längst verlorene »Schlacht um Berlin«. Aber die symbolischen Bilder des Sieges über Deutschland entstanden jetzt in rascher Folge: vom Handschlag der amerikanischen mit den sowjetischen Soldaten beim Zusammentreffen in Torgau an der Elbe am 25. April über den posierenden GI auf der Hitler-Tribüne in Nürnberg bis hin zu den fahnenhissenden Rotarmisten auf dem Dach des zerschossenen Reichstags am 2. Mai.

Freilich soll man sich davor hüten, solchen Fotos Deutungen einzulesen, die den Kalten Krieg ahnungsvoll vorwegnehmen. Denn obgleich der Blutzoll, den die Völker der Sowjetunion im Krieg gegen Deutschland zu zahlen hatten, um ein Vielfaches höher lag als jener aufseiten des Westens, hatten die Anstrengungen und die Opfer der vergangenen Jahre doch ein gemeinsames Ziel gehabt, und diese Gemeinsamkeit war die Wahrheit des Frühjahrs 1945. Sie ging einher mit einer elementaren historischen Tatsache, die zu akzeptieren hierzulande bis heute nicht leichtfällt: der Tatsache nämlich, dass es den Alliierten des Zweiten Weltkrieges nicht um die Befreiung der Deutschen zu tun war, sondern um die Befreiung Europas und der Welt von der Pest des Nationalsozialismus.

Victory in Europe Day

In diesem Sinne markiert der 8. Mai 1945 eine Epochenzäsur. Auch wenn der Zweite Weltkrieg mit diesem Tag noch nicht zu Ende war – die Kämpfe im Pazifik gingen weiter, Japan kapitulierte erst am 2. September –, hatte man doch das Hauptziel erreicht: Hitler war tot, sein völkermordendes »Drittes Reich« besiegt. In London wie in Los Angeles, in Moskau wie in New York konnten die Menschen endlich »VE Day« feiern, *Victory in Europe.*

Während Jubel und Erleichterung, auch Stolz und Genugtuung, um den Globus gingen, feierten in Deutschland nur wenige. Mehr als irgendwo sonst war der Moment, da die Waffen schwiegen, hier angefüllt mit Ambivalenzen.

Schon die Hauptsache, die von den Westmächten seit ihrer Konferenz von Casablanca 1943 geforderte »bedingungslose Kapitulation«, gestaltete sich kompliziert. Im Rückblick erscheint es wie ein Menetekel, dass die Repräsentanten Deutschlands nach der von Hitlers Nachfolger, Großadmiral Karl Dönitz, bereits am 4. Mai veranlassten Teilkapitulation in der Nähe von Lüneburg noch zweimal anzutreten hatten: einmal bei den Amerikanern und einmal bei den Sowjets, und dass dennoch lediglich die Wehrmacht kapitulierte, nicht das Deutsche Reich. In den frühen Morgenstunden des 7. Mai unterzeichnete Generaloberst Alfred Jodl namens des Oberkommandos der Wehrmacht im Hauptquartier der alliierten Expeditionstruppen in Reims einen knappen »Act of Military Surrender«; gut 46 Stunden später, man schrieb bereits den 9. Mai, wiederholte Generalfeldmarschall Wilhelm Keitel zusammen mit Vertretern von Luftwaffe und Marine die Prozedur vor dem sowjetischen Oberkommando in Berlin-Karlshorst.

Im Grunde erweist sich das epochemachende Datum des 8. Mai 1945 als ein pragmatisch festgelegter Zeitpunkt – 23.01 Uhr MEZ. Und die bald vielbeschworene »Stunde Null« in Deutschland schlug sowieso in jeder Himmelsrichtung und an jedem Ort zu einer anderen Zeit.

Im Osten, zuerst in Ostpreußen, dann auch in Schlesien und Pommern, flohen seit dem Spätherbst 1944 immer mehr Deutsche vor der herannahenden Roten Armee. Damit begann eine millionenfach geteilte Erfahrung des Verlusts von Heimat, Besitz und körperlicher Unversehrtheit. Flucht vor befürchteter Vergeltung, Vertreibung aus Gründen der Rache, Deportation und erzwungene Umsiedlung im Namen einer politischen und ethnischen Neuordnung setzten sich in Ost- und Mitteleuropa noch weit in die Nachkriegszeit hinein fort. Die Gewaltaktionen blieben keineswegs auf die Deutschen beschränkt, auch wenn sie am Ende mit etwa zwölf Millionen die mit Abstand meisten Zwangsmigranten zählten.

Im Westen verzögerte sich die erwartete Invasion zwar mehrfach, aber nach der Landung der Alliierten in der Normandie am 6. Juni 1944 begann das »l'année zéro« immerhin noch fast ein ganzes Jahr früher als die »Stunde Null« in den letzten Bastionen der NS-Herrschaft. Am 29. August 1944 jubelte Paris seinen Befreiern zu, und von nun an eilten den westlichen Truppen, jedenfalls in der Zivilbevölkerung, ein Nimbus und eine Attraktivität voraus, die sich auf alle Bereiche des Lebens erstreckten. Amerikanischen GIs zu begegnen, das bedeutete Kaugummi und Hershey-Schokolade für die Kinder – und für viele junge Frauen Nylonstrümpfe, Sex und Kalorien.

Es lag in der Natur des Vormarschs, dass flüchtige Bekanntschaften häufiger waren als feste Beziehungen. Aber je länger dann die Besatzung währte und je mehr sie auch als Befreiung empfunden wurde, umso öfter wurden Ehen geschlossen, die deutsche Frauen über den Atlantik führten. Und zweifellos kehrten vor allem schwarze GIs am Ende ihrer Dienstzeit mit der Erwartung gesellschaftlicher Veränderungen in ihrer Heimat zurück; in diesem Sinne war die Stärkung der amerikanischen Bürgerrechtsbewegung seit den fünfziger Jahren auch eine Konsequenz des Zweiten Weltkrieges und seiner Erfahrungsgeschichte.

Gleitende »Stunde Null«

Die gewissermaßen gleitende »Stunde Null« brachte nicht nur Rache an Kollaborateuren und »Feindesliebchen« – und überhaupt horrende Gewalt gegenüber Frauen –, sondern auch die Wiederentdeckung der Sinnenfreude.[3] Selbst in den befreiten Lagern gab es neben Krankheit und Tod das Bedürfnis nach körperlicher Nähe und Vereinigung. Im Frühjahr 1945 wurden in Frankreich, Belgien und den Niederlanden die ersten Kinder der Hoffnung geboren. Kaum ein Jahr später dann begann in Westdeutschland, genauer gesagt in der amerikanischen Besatzungszone, ein sehr besonderer Babyboom: nämlich in den Lagern für jüdische Displaced Persons, in denen zunächst einige zehntausend Überlebende des Holocaust, nach neuen Pogromen und Fluchtbewegungen, vor allem aus Polen, zeitweise sogar mehr als 150.000 Menschen darauf warteten, nach Palästina oder in die USA auswandern zu dürfen.

Ungeachtet solcher Hoffnungszeichen erschien das Ende dieses Krieges vielen Beobachtern als das Ende der Zivilisation. »Nie zuvor hat es so viel Zerstörung, eine solche Auflösung der Existenzbedingungen gegeben«, schrieb Anne O'Hare McCormick, eine Korrespondentin der *New York Times*, die sich alsbald und nicht zufällig als amerikanisches Delegationsmitglied bei der neu gegründeten UNESCO engagierte.[4] Denn das war ja auch eine der Konsequenzen des Epochenjahres 1945: die Wiederaufnahme der 1939 gescheiterten Idee des Völkerbunds, jetzt in Gestalt der Vereinten Nationen und ihrer Hilfsorganisationen.

Auch nach dem Ende der deutschen Besatzungsregime herrschten in Europa Hunger, Not und Verzweiflung in ungekanntem Ausmaß – von Frankreich bis in die Ukraine, von Norwegen bis nach Griechenland. Warschau war praktisch unbewohnbar, hatten doch Pioniereinheiten der Wehrmacht nach dem gescheiterten Aufstand der polnischen Heimatarmee noch im Oktober 1944 begonnen, die verbliebenen Reste der Stadt systematisch zu zerstören. In Leningrad, wo während der mehr als zweijährigen deutschen Blockade etwa eine Million Zivilisten ihr Leben verloren hatten, blieb die Versorgungslage noch lange kritisch – wie in den meisten Städten der Sowjetunion, zu deren Gunsten die Landbevölkerung weiterhin ausgepresst wurde. Die aus Deutschland repatriierten Zwangsarbeiterinnen und Zwangsarbeiter – unter Stalin misstrauisch beäugt und oft genug Opfer neuer Repressalien – konnten die erbärmlichen Lebensbedingungen in ihrer Heimat vielfach kaum fassen.

Im holländischen Hungerwinter 1944/45, als Teile des Landes schon befreit waren, starben mindestens 16.000 Menschen an Unterernährung, meist Kinder und alte Leute; in manchen Gegenden lag der Kalorienwert ganzer Wochenrationen noch unter dem, was den alliierten Soldaten pro Tag zustand. Und natürlich bemaßen die Zeitgenossen ihre Situation nicht an offiziellen Statistiken, sondern an den eigenen Erfahrungen und an denen ihrer unmittelbaren Umgebung. Das war auch in Südostasien nicht anders, zum Beispiel in Vietnam, wo bei Kriegsende gleichfalls eine Hungersnot herrschte.

Bilder des Elends und der Hoffnungslosigkeit gab es in den Monaten, in denen der Krieg zu Ende ging, im Überfluss, und sie sollten Europa noch auf Jahre prägen. Nicht darin unterschied sich die Lage der Deutschen von der ihrer Nachbarn, wohl aber in der politisch-psychologischen Situation: Fast überall auf dem Kontinent hatte es neben erzwungener und freiwilliger Kollaboration mit den deutschen Besatzern auch entschiedenen Widerstand gegeben, und in dessen Namen vollzog sich jetzt eine – zum Teil sehr blutige – politische Säuberung. So in Frankreich, wo sich auf das Erbe der *Résistance* und in Abgrenzung gegenüber dem verflossenen Regime von Vichy politische Gestaltungsansprüche gründen ließen; so in den Niederlanden, wo die Rückkehr von Königin Wilhelmina aus dem Londoner Exil beruhigend wirkte; so in Italien, wo die *Resistenza* im Furor der *Epurazione* schon 1943 begonnen hatte, mit dem Faschismus abzurechnen – und wo nun der Leichnam des von Partisanen erschossenen Mussolini in Mailand der Meute überlassen wurde.

Deutschland als »besiegter Feindstaat«

Nichts dergleichen im zusammenbrechenden Hitler-Deutschland, wo noch der späte Putschversuch des 20. Juli 1944 bei den meisten »Volksgenossen« auf Ablehnung gestoßen war. Angesichts solcher Nachrichten ließ der Kernsatz der vielzitierten Direktive JCS 1067 vom 26. April 1945 dem Oberbefehlshaber der amerikanischen Besatzungstruppen keinen Raum für Interpretationen: »Deutschland wird nicht besetzt zum Zwecke seiner Befreiung, sondern als ein besiegter Feindstaat.«

Fraternisierung war, anders als im westlichen Europa, nicht vorgesehen. Mit ihrer Berliner Deklaration vom 5. Juni 1945 übernahmen die »siegreichen Mächte«, zu denen nunmehr auch Frankreich zählte, deshalb »die oberste Regierungsgewalt in Deutschland, einschließlich aller Befugnisse der deutschen Regierung, des

Oberkommandos der Wehrmacht und der Regierungen, Verwaltungen oder Behörden der Länder, Städte und Gemeinden«.

In den vier Zonen, in die Deutschland fortan aufgeteilt war, blieb den Deutschen selbst zunächst so gut wie gar nichts überlassen. Doch mit der angekündigten gemeinsamen Politik der Besatzungsmächte war es nicht weit her. Erste Anzeichen dafür lieferte schon ein paar Wochen später die letzte der alliierten Kriegskonferenzen, das am 17. Juli begonnene Treffen der »Großen Drei« in Potsdam.

Am Tag zuvor hatten die USA in der Wüste von New Mexico unter großer Geheimhaltung die erste Atombombe der Welt gezündet. Drei Wochen nach dem erfolgreichen Test, am 6. und am 9. August 1945, löschten zwei weitere dieser Bomben die japanischen Großstädte Hiroshima und Nagasaki aus. In den Tagen dazwischen, genauer gesagt am 2. August, verkündeten Harry S. Truman, seit Roosevelts Tod am 12. April Präsident der Vereinigten Staaten von Amerika, Josef Stalin und der neugewählte britische Premier Clement Attlee (er war in der zweiten Konferenzhälfte an Churchills Stelle getreten) ein Abkommen über die politische Behandlung Deutschlands. Die scheinbar so klaren »vier D«, die das Leben der Deutschen fortan prägen sollten – Denazifizierung, Demilitarisierung, Demokratisierung und Dezentralisierung, in mancher Deutung ergänzt um ein fünftes »D« wie Demontage –, wurden rasch zur Quelle des Streits.

Denn im Klima des heraufziehenden Kalten Krieges saß der Teufel nicht nur im Detail: Wie weit sollte die politische Säuberung de facto gehen? Welche gesamtwirtschaftlichen Folgeschäden durfte etwa die Zerstörung der deutschen Rüstungsindustrie nach sich ziehen? Was sollte Dezentralisierung eigentlich heißen in einem ohnehin schon durch Zonengrenzen zerschnittenen Land? Viel mehr noch als an solchen Einzelheiten entwickelte sich der Ost-West-Konflikt an der elementaren Frage, welche Demokratie am Ende der Demokratisierung stehen sollte.

Doch das verweist bereits auf die Zukunft eines geteilten Europas, die Winston Churchill im März 1946 mit dem Bild des »Eisernen Vorhangs« öffentlich auf den Begriff bringen sollte (und dessen sich Joseph Goebbels zwölf Monate zuvor zum Zwecke der Durchhaltepropaganda bedient hatte). Jetzt, im Frühsommer 1945, war erst einmal die sichere Verankerung der Besatzungsherrschaft vonnöten. An die Stelle kämpfender Verbände traten in allen vier Zonen Militärregierungen, die in Abstufungen von der Zonen- über die Länderebene bis hinunter in Städte und Landkreise die Macht übernahmen. Sie trieben das angekündigte Projekt einer umfassenden politischen Säuberung Deutschlands alsbald schon mit beachtlicher Klarheit und Härte voran.

Dass der Nationalsozialismus ausgetilgt werden sollte, war und blieb unstrittig. Zentrales und noch in großer Einmütigkeit begründetes Symbol dafür war das International Military Tribunal, das die vier Siegermächte am 18. Oktober 1945 im Gebäude des Alliierten Kontrollrats in Berlin eröffneten. Das fortan im Nürnberger Justizpalast abgehaltene Verfahren gegen 24 Hauptkriegsverbrecher – mit Hermann Göring und Karl Dönitz als den Ranghöchsten aus den gelichteten Reihen der Regimespitze, aber auch mit Keitel und Jodl, den Unterzeichnern der Kapitulationsurkunde – war das Gegenteil eines »kurzen Prozesses«: Es war ein starkes Zeichen für die Entschlossenheit der Alliierten, die Verbrechen des »Dritten Reiches« vor den Augen der Weltöffentlichkeit aufzuklären und mit den Mitteln des Rechts zu ahnden. Entsprechend groß waren die Hoffnungen auf eine Fortbildung des Völkerrechts, die sich damit verbanden.

Während der Laufzeit des Prozesses, über den die neugegründeten Lizenzzeitungen und der Rundfunk informierten, schienen die Deutschen ganz einverstanden – wohl auch, weil sie auf die Umkehr des Sprichworts hofften: Würden die Großen gehängt, würde man die Kleinen vielleicht laufen lassen. Doch je mehr sich die alliierten Internierungslager auch mit nachgeordneten Amtsträgern der NSDAP, mit SS-Personal, Angehörigen der Funktionseliten und mit Beamten füllten, die allein wegen ihrer Parteimitgliedschaft entlassen worden waren, desto größer wurden die Zweifel. Und je klarer sich die Konturen und die Konsequenzen der Entnazifizierung abzeichneten, desto mehr wuchs das Gefühl, ungerecht behandelt zu werden. Ein populäres Mittel der psychologischen Gegenwehr war die bald weitverbreitete Kollektivschuldthese: die Behauptung also, die Siegermächte operierten mit der Unterstellung einer kollektiven Schuld aller Deutschen.

Gemessen an der Unversöhnlichkeit, die aus dieser Unterstellung sprach und die eigentlich wenig Raum für Hoffnung übrig ließ, kam das politisch-intellektuelle, aber auch das gesellschaftliche Leben im besetzten Deutschland – wie im befreiten Europa – dann doch überraschend schnell wieder in Gang. Auf »weißen Listen« registrierte Hitler-Gegner und politisch halbwegs Unbelastete konnten kommunale Ämter übernehmen, durften im Rundfunk unter Aufsicht Kommentare sprechen, erhielten Verlagslizenzen und als Künstler Auftrittsgenehmigungen. Mitunter schien es, als ob geistige Nahrung die fehlenden Kalorien ersetzen konnte. Jedenfalls war »Kultur auf Trümmern« bereits im Spätsommer 1945 keine Kleinigkeit mehr.

Zum Wintersemester 1945/46 öffneten die ersten Universitäten: Hans-Georg Gadamer wurde Rektor in Leipzig, Karl Jaspers dozierte in Heidelberg vor Studenten in meist nicht einmal umgefärbten Wehrmachtsmänteln über die »Schuldfrage«, und neue politisch-kulturelle Zeitschriften mit sprechenden Titeln *(Die Wandlung, Ende und Anfang*, vor allem aber die lange erfolgreichen, von Eugen Kogon und Walter Dirks herausgegebenen *Frankfurter Hefte)* suchten Orientierung zu vermitteln – nicht zuletzt, indem sie zur »jüngsten Vergangenheit« erklärten, was eben noch schreckliche Gegenwart gewesen war.

Wahrscheinlich waren solche Wahrnehmungsbrüche und Umdeutungsbrücken das Medium, in dem die Transformation einer in jeder Hinsicht verausgabten »Volksgemeinschaft« in eine zukunftsfähige Gesellschaft überhaupt nur beginnen konnte. Hinzu kam allerdings, anders als nach dem Ersten Weltkrieg, das rasch sich einstellende Bewusstsein von der Totalität der Niederlage; ein Bewusstsein, das Anpassungen jenseits der verbreiteten Neigung erzwang, sich selbst als erstes Opfer Hitlers darzustellen. Und hinzu kam, vor allem in den mittleren Jahrgängen der NS-Funktionseliten, ein Pragmatismus des Anpackens, der die Leistungsideologie der NS-Zeit aufnahm und zu bestätigen schien; das schloss anhaltende Bitterkeit ebenso wenig aus wie eine insgeheim bewahrte Überheblichkeit. Vor allem in der Generation der Flakhelfer und jungen Frontsoldaten verband sich der bis 1945 eingeübte Leistungswille dann aber zügig mit der Sogkraft eines neuen Lebensmodells und mit Lernbereitschaft in Sachen Demokratie.

In dieser Konstellation wurde dem Westen Deutschlands – am Anfang entschlossen geführt und noch lange aufmerksam begleitet vor allem von den Amerikanern – das unverdiente Glück der »zweiten Chance« (Fritz Stern) zuteil. Dagegen standen, als das Epochenjahr 1945 zu Ende ging, im Osten Deutschlands viele Hoffnungen schon wieder infrage. Und in ganz Osteuropa versanken die Träume von einer freiheitlichen Welt für weitere vier Jahrzehnte hinter dem politischen Horizont.

Kriegsende 1945

* Dem vorliegenden Text zugrunde liegt mein Essay »Das Epochenjahr«, in: Lothar Schirmer (Hrsg.): *1945. Ikonen eines Jahres*, München 2015.
Martha Gellhorn: *Das Gesicht des Krieges. Reportagen 1937–1987*, München/Hamburg 1989 (Originalausgabe London 1959), S. 180f.

1 Margaret Bourke-White: *Deutschland, April 1945*, München 1979 (Originalausgabe unter dem Titel: *Dear Fatherland, Rest Quietly*, New York 1946), S. 91.

2 Zit. nach Norbert Frei: »Wir waren blind, ungläubig und langsam«. Buchenwald, Dachau und die amerikanischen Medien im Frühjahr 1945, in: *Vierteljahrshefte für Zeitgeschichte* 35 (1987), S. 385–401; dort auch die folgenden Zitate.

3 Dazu eindringlich Ian Buruma: *'45. Die Welt am Wendepunkt*, München 2014.

4 Zit. nach Tony Judt: *Geschichte Europas seit dem Zweiten Weltkrieg*, München 2006, S. 29.

Aleida Assmann

Was ist Frieden?

Was Krieg heißt, davon haben wir eine reiche und immer neue Anschauung. Was aber heißt Frieden? Nach Wim Wenders rangiert Frieden heute »immer noch hoch auf der Liste der Neujahrswünsche, aber im Alltag und in der Politik ist er meist zur Worthülse verkommen.« Wenders zitiert auch einen Satz von Martin Buber: »Was man in der Geschichte Frieden nennt, ist ja nie etwas anderes gewesen als eine – angstvolle oder illusionsselige – Pause zwischen zwei Kriegen.«[1] Frieden als eine kurze Unterbrechung, eine ersehnte Ruhepause, aber kein haltbares und nachhaltiges Gut, so steht der Frieden in diesen Zitaten vor uns. Das ist aber nur die eine Seite der Wahrheit. Die andere ist, dass in Europa seit 75 Jahren Frieden herrscht. Diesen historischen Erfolg sollte man nicht kleinreden, sondern herausheben und dabei genauer nachfragen: Wie kam dieser Frieden zustande und was ist das Geheimnis seines Erfolges? Aber auch: Was gefährdet ihn und wie kann man das Projekt fortsetzen? Denn Frieden, um dies hier gleich vorwegzunehmen, ist kein Zustand, sondern ein Projekt. Er muss beständig in Aktivitäten umgesetzt werden und auf immer neue Konstellationen und Konflikte reagieren.

Die Frage »Was ist Frieden?« kann ich nicht beantworten. Ich kann sie aber umformulieren und fragen: Wie werden Kriege beendet? Schauen wir also zurück in die Geschichte, um an der Schwelle des neuen Jahrzehnts vorauszuschauen auf das, was Frieden verlängern, stabilisieren, erneuern kann.

Wie werden Kriege beendet?

Auf diese Frage haben Historiker kurze Antworten parat: durch Kapitulation oder durch Verträge. Das Ende des Krieges läuft nach dem Modell eines Boxkampfes ab. Da gibt es eben einen Sieger und einen Verlierer, und fertig ist die Geschichte. Von dem Historiker George Mosse habe ich gelernt, dass man an diese Frage auch ganz anders herangehen kann.[2] Ihm fiel nämlich auf, dass der Erste Weltkrieg 1918 gar nicht zu Ende gebracht worden war. Sicher gab es auch hier Sieger, Verlierer und Verträge, aber darauf folgte noch etwas anderes, nämlich das, was er den »Mythos des Kriegserlebnisses« nannte. Während jeder Historiker sich die Geschichte als ein Buch vorstellt, in dem man einfach weiterblättert, blätterte Mosse zurück. Er entdeckte, dass es geschichtsmächtige Akteure gab, die den Krieg eben *nicht* hinter sich ließen, sondern an ihm hängen blieben, ihn als einen Mythos neu aufbereiteten und zu einer Orientierung für ihre Zukunft machten. Diese Zukunft kollidierte dabei aufs Schärfste mit der Zukunft der Kriegsmüden und der Friedenswilligen, die von einem Völkerbund träumten, sowie mit der Zukunft der politischen Erneuerer, die im Begriff waren, erstmals eine Demokratie einzuführen. Mosse schrieb ein Buch über die gefallenen Soldaten und die Formen ihres Andenkens und interessierte sich dabei für die Art und Weise, wie die kollektive Erinnerung an diesen Krieg geformt und in die Nachkriegszeit transportiert wurde.[3] Man kann es auch so sagen: Er interessierte sich für die Art und Weise, in der der Krieg nicht beendet wurde. Gewiss hatte der Waffenstillstand am 11. November 1918 für die Sieger eine ersehnte Zäsur gebracht, die in den westlichen europäischen Ländern bis heute jährlich rituell begangen wird, aber für die Verlierer war der Krieg damit noch keineswegs beendet. Vorbei ist nicht vorüber.

Mosse ging davon aus, dass nach Ende dieses industriellen Krieges mit seinem routinierten und mechanisierten Töten und dem Verlust von 13 Millionen Soldaten die Gesellschaften verwundet und mit einem großen Problem zurückgeblieben waren. Eine große Kluft hatte sich aufgetan zwischen dem *Schrecken* und der *Ehre* des Krieges, weshalb alle Nationen nach einer Symbolsprache suchten, um diese Lücke zu füllen oder sie erfolgreich zu verdecken. Man orientierte sich in Deutschland dabei an den Erinnerungen jener Kriegsveteranen, die den Krieg und ihren Einsatz bejahten, und nicht an denen, die desillusioniert aus ihm zurückgekehrt waren und ihn verneinten. Die Betonung der ausgewählten Erinnerung lag auf der Glorifizierung und nicht auf der Tragödie des Krieges. Mit diesem »Mythos des Kriegserlebnisses« wurde dem Tod im Krieg der Stachel gezogen und eine positive und verpflichtende Bedeutung von Kampf und Opfer in die Friedenszeit importiert. So wurde 1919 nach Beendigung des Krieges ein neuer Kult des Krieges aufgebaut, der nicht mehr kriegsbegleitend war und sich strategisch auf aktuelle Siege oder Niederlagen bezog, sondern einer, der weit entfernt von der historischen Realität die Werte der Gesellschaft normativ auf Männlichkeit, Stärke, Heroismus, Opferbereitschaft und die Heiligkeit der Nation ausrichtete. Dieser Mythos überschrieb in den Medien und der Propaganda auch die persönlichen Kriegserinnerungen und verwandelte den Krieg in eine nationale Religion mit neuen »Heiligen und Märtyrern, heiligen Orten der Erinnerung und einem von Generation zu Generation weiterzugebenden Erbe«.[4] Die Sakralisierung des Krieges ging hier Hand in Hand mit einer Sakralisierung der Nation. Mosse benutzte das Wort »Mythos«, aber er kam nicht auf die Idee, wie wir das heute tun würden, dieses Konstrukt einfach dadurch abzutun, dass er es als Lüge entlarvte. Die *Dekonstruktion* des Mythos war das Projekt von Erich Maria Remarques *Im Westen nichts Neues* (1929) und der Nachkriegsgeneration mit ihrer internationalen Friedensbewegung. Mosse dagegen interessierte sich für die Frage, wie der Mythos *konstruiert* wurde, das heißt, wie er menschliches Verhalten so nachhaltig prägen, wie er Geschichte machen und das Selbstbild von Generationen und Nationen so nachhaltig formen konnte. Denn genau das hat dieser Mythos erreicht.

Die am Ersten Weltkrieg beteiligten europäischen Nationen haben unterschiedliche Formen des Kriegsmythos entwickelt. Mosse konzentrierte sich auf die Situation in Deutschland und untersuchte die Art und Weise, wie Narrative entstehen und genutzt werden, um politischen Einfluss zu gewinnen, Gruppen zu bewegen und Geschichte zu machen. Konstruktion hin, Konstruktion her: Aus dem Männer-und-Krieger-Kult, der in den 1920er Jahren aufgebaut wurde, wurde in den 1930er Jahren die zentrale Staats-Ideologie des Nationalsozialismus. ›Sich der Toten zu erinnern‹ bedeutete nun nicht nur, sie nachträglich zu ehren, sondern einen militanten Opferkult in die Zukunft zu projizieren.

All das lässt sich heute noch am Wandel von Gefallenendenkmälern in Kriegerdenkmäler nachvollziehen. Nach Kriegsende war ganz Deutschland mit *Gefallenendenkmälern* überzogen. Keine Stadt, kein Dorf, wo nicht fußläufig ein solches Denkmal erreichbar war, auf dem die Namen der jungen und älteren gefallenen Männer mit ihren Lebens- und Sterbedaten eingraviert waren. Diese Initiative ging von den Kommunen aus, die unabhängig von staatlichen Initiativen ihre Orte der persönlichen Trauer und Pietät schufen. Die *Kriegerdenkmäler* kamen dann in den 1930er Jahren als neuer Typ eines Monuments dazu. Sie trugen keine individuellen Namen mehr und schauten auch nicht mehr auf den Ersten Weltkrieg zurück, sondern verkörperten mit den Statuen von stehenden Soldaten, die unter dem Helm finster dreinblickten, die Entschlossenheit und die Härte, mit denen Deutschland in die Zukunft blickte und auf den Zweiten Weltkrieg zuging.

Die Beendigung des Zweiten Weltkrieges

Wie werden Kriege nachhaltig beendet? Das Beispiel zeigt: offensichtlich nicht nur durch Friedensschlüsse und Verträge, sondern auch durch die Formen und die Symbolsprachen, in denen man sich an sie erinnert.

Deshalb ist es von Bedeutung, die Frage von George Mosse wiederaufzunehmen und dabei genauer nach den Formen der Erinnerung zu fragen, die die Geschichte entweder friedlich zur Ruhe bringen oder die einen stets latenten Kampfgeist neu mobilisieren.

In Europa wurde der Mythos des Kriegserlebnisses im Mai 1945 effektiv durch die Alliierten an der West- und der Ostfront beendet. Wirklich beendet wurde er aber nicht nur durch Sieg und Kapitulation, sondern auch durch ein gemeinsames Wirtschaftsprojekt, das die ehemaligen Todfeinde wieder zusammenbrachte. Es ist bis heute unfassbar, warum es gerade die Franzosen waren, von denen diese Initiative ausging. Waren sie doch über drei Generationen hinweg der deutschen Aggression ausgesetzt gewesen und von deren Übergriffen wiederholt gedemütigt worden. So gab es nicht wenige deutsche Familien, in denen der Großvater 1871 in Paris einmarschierte, der Vater im Ersten Weltkrieg nach Frankreich zurückkehrte und der Sohn sich im Zweiten Weltkrieg im besetzten Paris wiederfand. Dennoch waren es diese schwer bedrängten und verletzten Franzosen, die ihren ehemaligen Feinden die Hand zur Versöhnung ausstreckten. Ohne diese Geste und die nicht zu erlöschende Zuversicht, dass Nachbarschaft in Europa auch anders funktionieren kann, hätte es keine Europäische Union gegeben.

Das Friedensprojekt, das sich Robert Schuman und Jean Monnet nach 1945 ausgedacht hatten, war im wahrsten Sinne des Wortes utopisch: Sie verwandelten ›Schwerter‹, nämlich Kohle und Stahl als die wichtigsten Rohstoffe der Kriegsindustrie, in ›Pflugscharen‹, indem sie diese zur Grundlage einer transnationalen Wirtschaftsgemeinschaft machten. So wurden aus Todfeinden dauerhaft friedlich kooperierende Nachbarn. Eine weitere friedenssichernde Maßnahme war, dass Deutschland als ehemalige Diktatur mit starker Unterstützung der USA in eine Demokratie verwandelt wurde. Die Wiederherstellung des deutschen Rechtsstaats durch die Nürnberger Prozesse war dabei ebenso wichtig wie die finanzielle Starthilfe durch den Marshallplan.

Alle diese Projekte und Interventionen sind Beispiele dafür, wie man Kriege effektiv beenden kann und eine nachhaltige Grundlage für Frieden und Sicherheit schafft. Zu ihnen kommt noch eine Maßnahme, die bisher meist übersehen wurde: eine Politik des Vergessens. Sie wurde von Winston Churchill aktiv betrieben, der erlebt hatte, dass Erinnerung eine Kriegstreiberin sein kann, wenn sie sich auf Hass und Rache spezialisiert. Genau das war ja nach dem Ersten Weltkrieg eingetreten: Kaum dass der Krieg vorbei war, mobilisierte der Mythos des Kriegserlebnisses neue Aggressionen. Diese Lehre hat Churchill aus der Geschichte gezogen und den Studenten der Universität Zürich im Jahr 1946 mit folgenden Worten erläutert: »Wir alle müssen den Gräueln der Vergangenheit den

Rücken zuwenden. Wir müssen in die Zukunft schauen. Wir können es uns nicht leisten, in die kommenden Jahre den Hass und die Rache hineinzuziehen, die aus den Wunden der Vergangenheit entstanden sind. Wenn Europa von endlosem Unheil und endgültigem Untergang gerettet werden soll, müssen wir es auf einen Akt des Glaubens an die europäische Familie und einen Akt des Vergessens aller Verbrechen und Irrtümer der Vergangenheit gründen.«[5]

Vergessen werden musste an erster Stelle der Mythos des Krieges, damit Europa überhaupt wieder eine Zukunft haben konnte. Das europäische Friedensprojekt war deshalb eng mit der ›Schlussstrich-Politik‹ verbunden. So ein Pakt des Vergessens hat in der Geschichte nach Bürgerkriegen manchen widerstreitenden Gruppen zu einer neuen Zukunft verholfen. Voraussetzung für einen solchen Pakt ist eine möglichst symmetrische Machtbeziehung. Wo jedoch Gewalt gegen zivile Opfer und hilflose Minderheiten ausgeübt worden ist, wo, mit anderen Worten, Kriege genozidal werden, hat die Politik des Schweigens ihre klaren Grenzen, denn sie unterstützt die Täter und schadet den Opfern. In Deutschland hat der Schlussstrich, der von den Deutschen dankbar angenommen wurde, vier Jahrzehnte lang nicht nur den Frieden, sondern auch die transnationale Wirtschaftsunion des neuen Europas gestützt. Er hat die Vergangenheit ad acta gelegt und den Krieg beendet, aber Europa auch gespalten, neue Diktaturen hervorgebracht und die Wunde des Holocaust offen gehalten. Denn vorbei ist nicht vorüber.

Churchills Politik des Vergessens und Adenauers Politik des Schweigens kamen in den 1980er und 1990er Jahren an ihr Ende. Gleichzeitig endete auch der Kalte Krieg. Ein weiterer Generationswechsel war vollzogen – von der Kriegsgeneration und ihrer Konfrontation mit der Protestgeneration der 68er hin zu den inzwischen gealterten 68ern, die nun nicht zwischen 20 und 30, sondern zwischen 40 und 50 waren und gesellschaftliche Verantwortung übernahmen. Mit dem Fall der Mauer begann eine neue Ära, in der lange abgewehrte und ausgesperrte Erinnerungen wieder zurückkamen. Ich weiß, wovon ich rede, denn ich habe das Ende des Kalten Krieges und den Zusammenbruch des Pakts des Schweigens sehr bewusst miterlebt. Die Vergangenheit kehrte durch Zeugnisse der Überlebenden und historische Forschung in die Nationen, die Städte und die Familien zurück. Der Zweite Weltkrieg ist also mehrfach beendet worden: einmal nach 1945 durch einen kollektiven Willen zu vergessen und dann noch einmal 50 Jahre später durch einen kollektiven Willen zu erinnern.

Die Beendigung des Ersten Weltkrieges

Auch der Erste Weltkrieg musste noch beendet werden. Das zeigte sich aber erst im großen Gedenkjahr 2014, als der Weltkrieg nach hundert Jahren im geregelten

Rhythmus wiederkehrte und vier Jahre lang zum Thema symbolpolitischer Aktionen, medialer Information und gesellschaftlicher Auseinandersetzung wurde. Die Feierlichkeiten, die in Europa zu diesem Datum angesetzt worden waren, nahmen überall einen anderen Verlauf. Das war angesichts der Differenz der nationalen Perspektiven und historischen Verläufe durchaus angemessen. Wichtig waren auch die vielen transnationalen Aktivitäten und Medienangebote, die die Kriegserfahrung auf die Ebene individueller Biografien herunterholten und neu zusammenführten. Das wichtigste Kommemorationsdatum des Ersten Weltkrieges ist der 11. November 1918 um 11 Uhr, Tag des ersehnten Waffenstillstandes an der Westfront. Während dieser Gedenktag in vielen Ländern jährlich begangen wurde und weiter begangen wird, eröffnen die Deutschen just an diesem Tag und in dieser Stunde ihre Karnevalssaison. Ein bemerkenswertes Zeichen für europäische Vielfalt! Am 11. November 2014 geschah jedoch noch etwas anderes: Präsident François Hollande weihte im Norden Frankreichs ein neues Denkmal ein. Die Anlage heißt »Ring der Erinnerung« und ist außergewöhnlich nicht nur aufgrund ihrer Größe, sondern auch aufgrund ihrer Form. Die Besucher schreiten an 500 großen Messingtafeln entlang, auf denen die Namen von mehr als einer halben Million gefallener Soldaten eingraviert sind – und zwar in alphabetischer Reihenfolge. In dieser Form der Anordnung ist der Zusammenhang der Nationen und der Regimenter bewusst zerrissen, auch die Dienstgrade sind entfernt. Es gibt keine Hierarchien und Loyalitäten mehr, wie sie für das Militär konstitutiv und unerlässlich sind; *alle* gefallenen Soldaten sind hier in der demokratischen Brüderlichkeit des Todes miteinander vereinigt. Deshalb ist, was bisher kaum auffiel, Hollandes Denkmal absolut revolutionär. Es vollzieht einen radikalen Bruch in der Semantik der Kriegsdenkmäler. Der »Ring der Erinnerung« ist ein eminent europäisches Denkmal, das allen Kriegstoten gewidmet ist und eine neue gemeinsame Erinnerung und Trauer über das sinnlose Töten zum Ausdruck bringt. Dieses Denkmal, das von der traditionellen Rhetorik von Ruhm und Ehre abweicht, hat die symbolische Kraft, den Ersten Weltkrieg tatsächlich zu Ende zu bringen. Es ist nichts mehr und nichts weniger als ›ein Denkmal für das Ende des Kriegsmythos‹.

Während Präsident Hollande aus der heroischen Tradition des Gedenkens ausscherte, tat David Cameron das Gegenteil. 2012 präsentierte der britische Premierminister seine Pläne für das Gedenkjahr im Imperial War Museum und versprach in einer flammenden Rede ein »wahrhaft nationales Gedenken«. Er erneuerte dabei die britische Fassung des Kriegsmythos und bezog deshalb die kolonialen Truppen des ehemaligen ruhmreichen Empire in die Gedenkfeierlichkeiten ein. Cameron rühmte den Dienst und die Opfer (»the service and sacrifice«) der gefallenen Soldaten und versprach, ihre Erinnerung weitere 100 Jahre zu pflegen. »Lest we forget« ist das Motto des Gedenkens am 11. November, das jährlich mit größerer Inbrunst begangen wird, wenn man die wachsende Größe des zentralen Symbols der roten Mohnblume in Betracht zieht. Was in der britischen Perspektive während der vier Gedenkjahre an den Ersten Weltkrieg allerdings völlig flachfiel, war ein Hinweis auf die ehemaligen Alliierten und die Partnerstaaten der EU. Diese Betonung nationaler Gedenk-Souveränität war bereits ein klares Signal für den britischen Isolationismus vier Jahre vor dem Brexit. Während der Mythos des Kriegserlebnisses in Frankreich begraben wurde und einem dialogischen europäischen Erinnern wich, wurde er im Vereinigten Königreich noch einmal energisch aufgerüstet.

Europa heute

Was hat Mosses »Mythos des Kriegserlebnisses« noch mit unserer heutigen Realität in Europa zu tun? Sehr viel, wie ich meine. Denn er ist nicht Geschichte, sondern, wie sich inzwischen deutlich zeigt, noch immer lebendiges Gedächtnis. Es geht noch immer emotionaler Druck von ihm aus, der die europäischen Werte infrage stellt. In der EU mehren sich zurzeit die Hinweise darauf, dass vergangene Kriege in den Köpfen und Herzen der Menschen noch nicht beendet wurden. In Italien zum Beispiel ist der 25. April der nationale Gedenktag des Kriegsendes. An diesem Tag haben die Alliierten 1945 Italien befreit und das faschistische Regime beendet. Im Jahr 2019 gab es für Matteo Salvini von der rechtsgerichteten Lega keinen Grund mehr, sich weiterhin an die Niederlage der Faschisten zu erinnern. Im Gegenteil, er widersetzte sich öffentlich dieser Tradition und sprach für die, die Mussolini rehabilitiert und als nationalen Helden wieder auf den Sockel gesetzt hatten.

Spanien ist ein weiteres Beispiel für eine europäische Nation, die unter dem doppelten Druck politischer Polarisierung und regionaler Teilung steht. Auch diese Spaltungen haben ihren Ursprung im 20. Jahrhundert und reichen in die Zeit des Bürgerkrieges zurück. Der Pakt des Schweigens mag 1977 in Spanien eine verständliche pragmatische Entscheidung gewesen sein, um den erfolgreichen Übergang zur Demokratie zu ermöglichen. Aber heute mehren sich auch die Symptome, die andeuten, dass die Schlussstrich-Politik des Vergessens in Spanien keine dauerhafte Lösung sein kann und dass auch dieser Krieg noch lange nicht zu Ende ist. Das Land ist übersät von Francos Siegerdenkmälern, für die unterlegenen Republikaner dagegen gibt es keine symbolische Repräsentation. Sie kommen in der Geschichte nicht vor. Nach dem Jahr 2000 startete die von Emilio Silva angestoßene Exhumierungsbewegung, mit deren Hilfe viele Familien die Gebeine ihrer in Massengräbern verscharrten republikanischen Angehörigen suchten, um sie endlich rituell beizusetzen. Auch hier ist ein gemeinsames dialogisches Narrativ dieses zentralen Ereignisses der Nationalgeschichte noch immer nicht in Sicht. Francos riesiges Monument im »Tal der Gefallenen« war der Versuch gewesen, den Krieg symbolisch zu beenden, aber er hat die Erinnerung nicht zur Ruhe gebracht, sondern eine gigantische Wunde geschaffen, die noch immer schmerzt. Am 24. Oktober 2019, fast 45 Jahre nach seinem Tod, kam es zu einer weiteren symbolträchtigen Exhumierung. Diesmal war es Franco selbst, der aus seinem Denkmal geholt und in ein Familiengrab umgebettet wurde. Sicher war das ein Schritt in Richtung Beendigung des Spanischen Bürgerkrieges nach 80 Jahren, auf den allerdings weitere folgen müssen. Offenbar ist es schwierig, eine Gesellschaft zusammenzuhalten ohne einen gewissen Konsens über die historischen Schlüsselereignisse der Nation und den Versuch einer gemeinsamen dialogischen Erzählung. Man stelle sich einmal ein Deutschland vor, in dem die Hälfte der Bewohner der Meinung ist, dass die Mauer in Berlin, die Europa teilte, eine gute Sache war.

Das nationale Gedächtnis ist monologisch verfasst und kann immer nur eine Perspektive verstehen und anerkennen. Das kollektive ›Wir der Nation‹ produziert Mythen, die unverbunden nebeneinanderstehen oder aufgerüstet werden gegen andere. Erinnerung wird dann zu einer Waffe, die Konflikte schürt und Kriege antreibt. Das muss aber nicht so sein. Erinnerung kann trennen, spalten und gegenseitigen Hass steigern, sie kann aber auch das Gegenteil tun und entschärfen, einander näherbringen und verbinden. Die Voraussetzung dafür ist, dass es einen gemeinsamen Rahmen gibt, in dem die Perspektiven unterschiedlicher Gruppen und Nationen Platz finden. Wo gemeinsame Werte und Ziele festgelegt sind, bleiben die Perspektiven und die Erfahrungen unterschiedlich, aber sie verlieren das Ausschließende und Trennende. Sie bewegen sich aufeinander zu, werden dialogisch. Dialogisch heißt, sich nicht nur an die eigenen Leiden zu erinnern, sondern auch für die Perspektive derer empfänglich zu sein, die unter der eigenen Geschichte gelitten haben oder leiden. Von Leszek Kolakowski stammt der beeindruckende Satz: »Wir lernen aus der Geschichte, um diejenigen unter uns anzuerkennen, die am schlimmsten unter ihr gelitten haben.«[6] Dieser Satz sollte in einem universalen Lehrbuch für friedenstiftende Maßnahmen stehen.

Den monologischen Charakter des nationalen Gedächtnisses hat Marc Bloch bereits in den 1920er Jahren kritisiert. Er schrieb: »Hören wir doch endlich damit auf, uns ewig von Nationalgeschichte zu Nationalgeschichte zu unterhalten, ohne uns gegenseitig zu verstehen.« Er sprach von einem »Dialog unter Schwerhörigen, bei dem jeder völlig verkehrt auf die Fragen des anderen antwortet.«[7] Das nationale Gedächtnis existiert im heutigen Europa keineswegs mehr in Isolation, sondern ist mit anderen nationalen Gedächtnissen untrennbar verbunden. Der Holocaust ist Teil eines Welt-Gedächtnisses, der Zweite Weltkrieg ist Teil eines europäischen

Gedächtnisses geworden. Offensichtlich kann die europäische Integration nicht wirklich fortschreiten, solange sich die monologischen Gedächtnis-Konstruktionen weiter verfestigen. Integration und Friedenssicherung erfordern dagegen ein ›dialogisches Erinnern‹. Diese Form des Umgangs mit einer geteilten Gewaltgeschichte ermöglicht, dass eine Nation sich nicht nur an die eigenen Heldentaten oder Leiden erinnert, sondern auch die in ihr Gedächtnis aufnimmt, die unter der eigenen Geschichte gelitten haben. Die wechselseitige Verknüpfung und Aufrasterung allzu einheitlicher Gedächtnis-Konstruktionen entlang nationaler Grenzen ist als große kulturelle und politische Chance im Projekt Europa enthalten. Die Konstellation der Europäischen Union macht aus ehemaligen Gegnern Nachbarn und Partner und bietet damit einen einmaligen Rahmen für den Umbau von monologischen in dialogische Gedächtnis-Konstruktionen. Richard Sennett hat einmal betont, dass es einer Vielfalt widerstreitender Erinnerungen bedarf, um unangenehme historische Fakten anzuerkennen.[8] Genau darin liegt das besondere Potenzial, das der europäische Erinnerungsrahmen bereithält.

Fazit

George Mosse starb 1999. Er hat den Fall der Mauer noch erlebt und war zufrieden mit der Entwicklung in Deutschland: »Für mich ist das die große Errungenschaft des Zweiten Weltkrieges, dass die Deutschen einfach nicht mehr kämpfen wollen«.[9] In den 1980er Jahren registrierte er allgemein, dass »›der Mythos der Kriegserfahrung‹ in Europa inzwischen Geschichte ist.« Er fügte allerdings hinzu: »Die Zukunft ist offen. (...) Wenn der Nationalismus als säkulare Religion wieder Auftrieb erhält, wird der Mythos dabei wieder eine Rolle spielen.«[10] Für Mosse war der »Krieg selbst eine große Brutalisierungsmaschine«, und er machte sich keine Illusionen darüber, dass »einiges von dem, was wir den Zivilisierungsprozess nennen, unter diesem Druck zerstört wurde«.[11]

Mosse sprach nicht von Krieg und Frieden, sondern von ›Brutalisieren‹ und ›Zivilisieren‹. Das sind keine Zustände, sondern entgegengesetzte Pfade, auf denen sich Gesellschaften und Nationen bewegen können. Wir sollten nicht vergessen, dass sich *alle* europäischen Nationen in den Ersten Weltkrieg stürzten in der Hoffnung auf eine *Erneuerung durch Gewalt*. Eine als degeneriert und effeminiert empfundene Kultur sollte durch das Ideal einer starken und heroischen Männlichkeit revitalisiert werden. In zivilen Zeiten sind solche Anfälle von kollektiver Aggression im Namen heroischer Mythen schnell vergessen. Aber wie lange? Als Norbert Elias über dieses Thema nachdachte, sprach er von einem »Prozess der Zivilisation«. Zivilisation ist aber kein Prozess, sondern ein Projekt, und nur Menschen sind imstande, ein solches Projekt mithilfe kultureller Werte,

Programme und dauernder Erziehung auf den Weg zu bringen und durchzuhalten. Nationen sind für sich genommen niemals brutal oder zivil, sondern immer nur in Bezug auf ihre kulturellen Programme. Entscheiden sie sich für nationalen Stolz, radikale Feindbilder und einen Kult der Stärke oder für friedliches Zusammenleben in Vielfalt und Menschenwürde? Was erklären sie für heilig – die Nation, das Kollektiv, den Staat oder das Individuum? Bei der Frage nach dem Frieden und seiner Sicherung geht es nämlich um nichts weniger als um die Erhaltung der zivilen Nation, wie sie die Gründer der EU vor 75 Jahren geschaffen haben. Ob dieses Bündnis weiterhin hält, ist nicht klar. Klar ist indessen, dass dies eine Aufgabe darstellt, die unser aller Kräfte erfordert.

1 Wim Wenders: Laudatio anlässlich des Friedenspreises für Sebastião Salgado, Frankfurt am Main 2019.
2 George Mosse (1918–1999) musste mit 15 Jahren Nazideutschland verlassen und unterrichtete später an der Universität Madison in Wisconsin. Er schrieb seit den 1970er Jahren als Erster über Themen wie Rasse, Geschlecht, Körper und nationales Gedächtnis.
3 George Mosse: *Fallen Soldiers. Reshaping the Memory of the World Wars*, New York 1990.
4 Ebd., S. 7.
5 Randolph S. Churchill (Hrsg.): *The Sinews of Peace. Post-War Speeches by Winston S. Churchill*, London 1948, S. 200.
6 Estera Flieger: The populist rewriting of Polish history is a warning to us all, in: *The Guardian*, 17. September 2019; https://www.theguardian.com/commentisfree/2019/sep/17/populist-rewriting-polish-history-museum-poland-gdansk
7 Matthias Middell (Hrsg.): *Alles Gewordene hat Geschichte. Die Schule der Annales in ihren Texten 1929–1992,* Leipzig 1994, S. 159.
8 Richard Sennett: Disturbing Memories, in: Patricia Fara, Keraly Patterson (Hrsg.): *Memory,* Cambridge 1998, S. 10–26; hier S. 14.
9 Irene Runge, Uwe Stelbrink (Hrsg.): *»Ich bleibe Emigrant«. Gespräche mit George L. Mosse*, Berlin 1991, S. 114–115.
10 Ebd., S. 224.
11 Ebd., S. 162.

VERLORENE JUGEND

Heinz Freiwald,
92 Jahre, Teltow

» Es wurde nicht mehr geschossen. So viele Verwundete und ich bin heil davongekommen. «

Werner Moritz, 1942 – 1947

Werner Moritz,
90 Jahre, Schwanebeck

»Es bestand zunächst Hoffnung auf Frieden und Heimkehr. Es folgten aber sowjetische Gefangenschaft und Arbeitslager.«

Horst Riccius, 1944

Horst Riccius,
93 Jahre, Wilhelmshorst

»Ich hatte ein Kriegstrauma. Mit 17 schwer verwundet. Für mich war die Gefangenschaft um ein Vielfaches besser als der zurückliegende Wahnsinn.«

Horst Daube,
92 Jahre, Letschin

»Im März 1946 bin ich zurück nach Schwedt gekommen. Betroffen stand ich vor dem Trümmerhaufen meiner Stadt.«

Willi Wolf,
1944

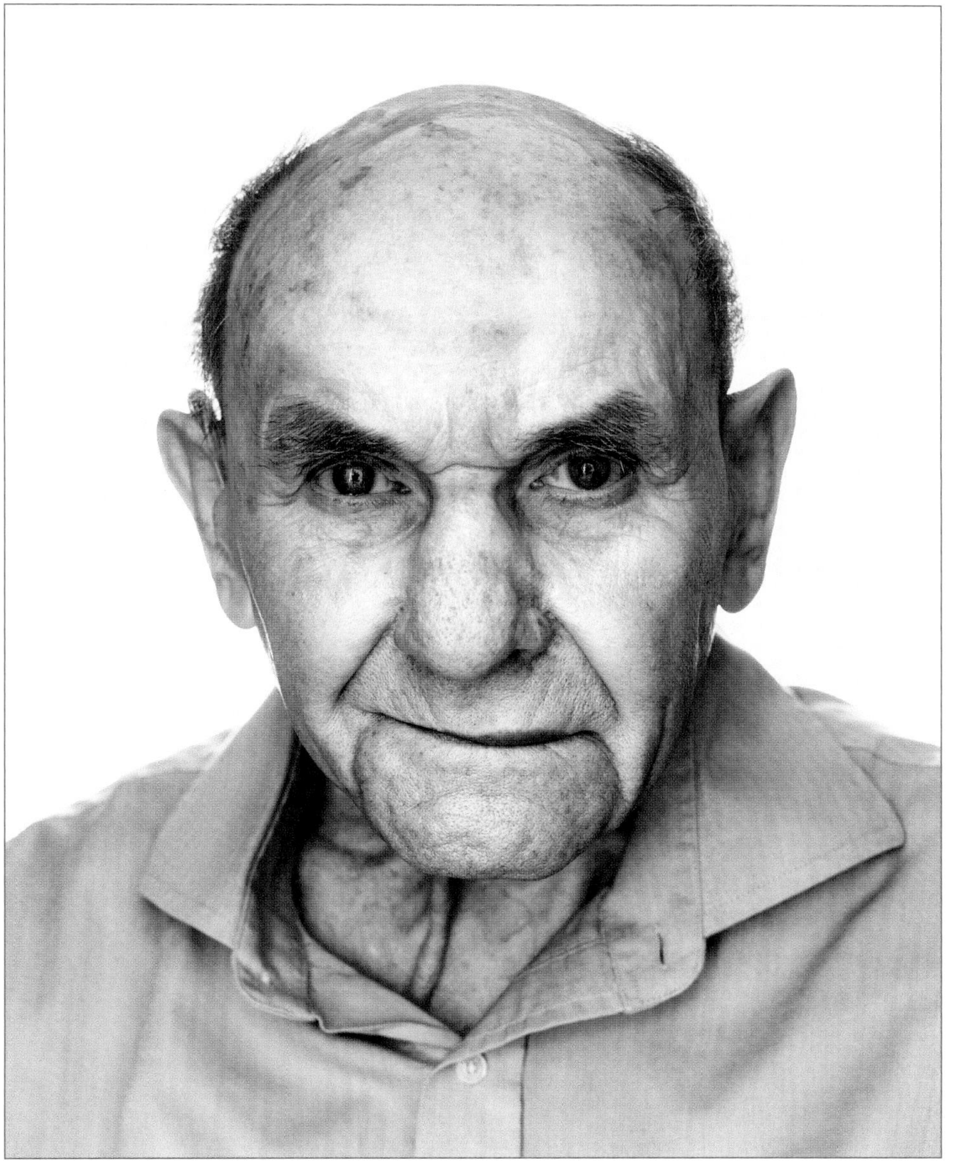

Willi Wolf,
92 Jahre, Schwedt

Klaus Nickel,
1944

Klaus Nickel,
91 Jahre, Potsdam

»Als ich erfuhr, dass der Krieg endlich zu Ende war,
bestand erstmals Hoffnung, entlassen zu werden
und nach Hause zurückkehren zu können.
Das sollte für mich aber noch drei Jahre dauern:
Kriegsgefangenschaft, doch unverletzt, jung und ledig.«

Hans Henseke,
1943

Prof. Dr. Hans Henseke,
93 Jahre, Potsdam

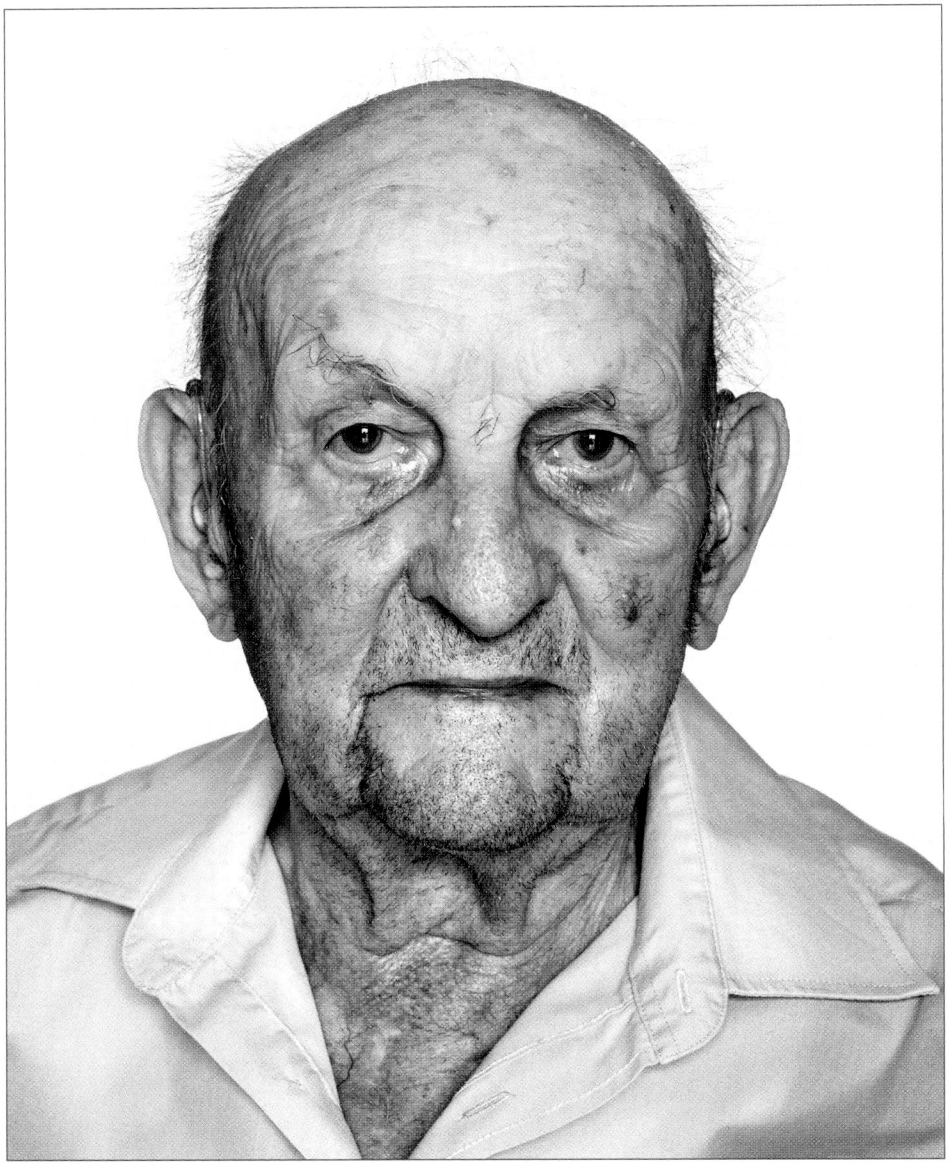

Franz Heller,
91 Jahre, Werder (Havel)

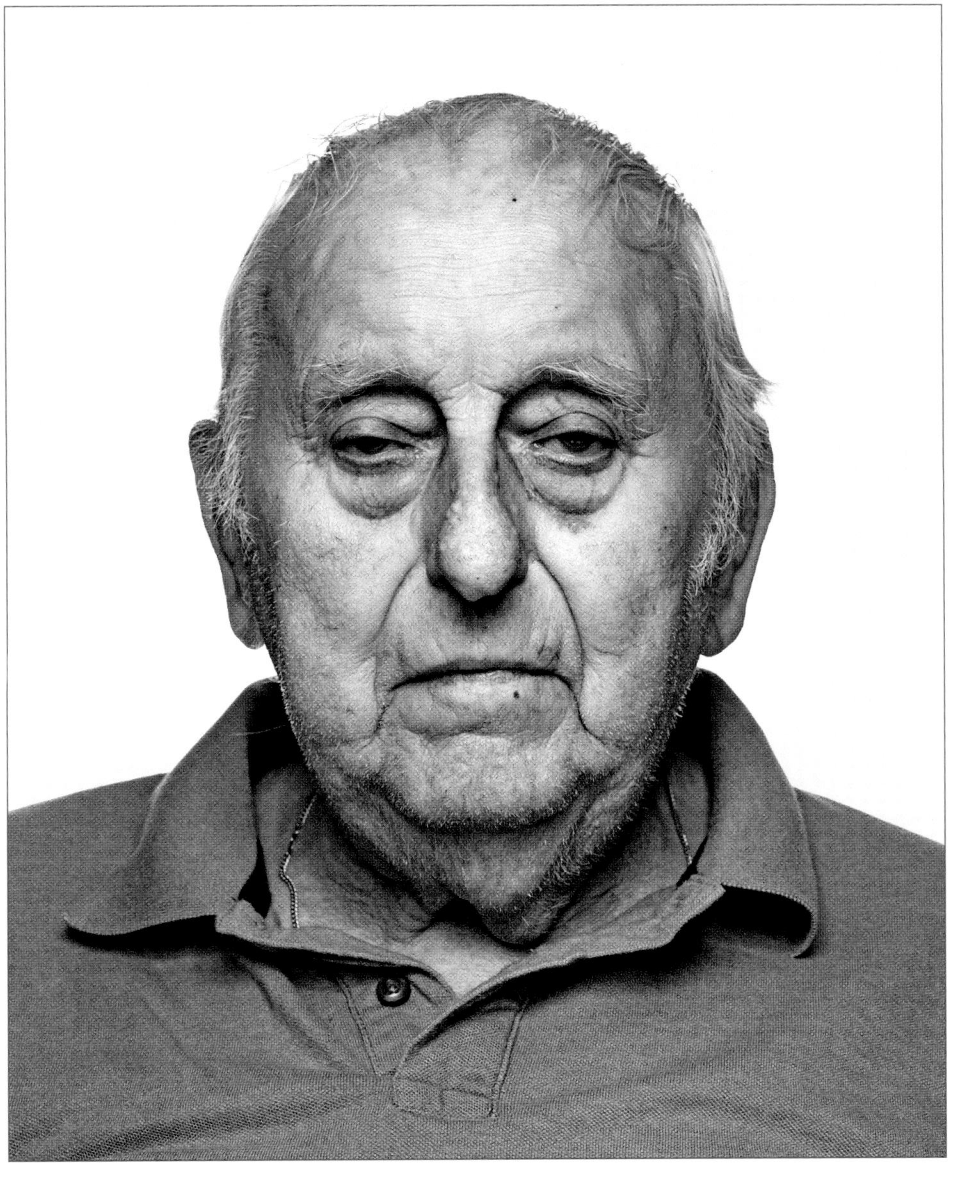

Gerhard Bafs,
90 Jahre, Teltow

»Angst und Unsicherheit waren groß, was die Alliierten mit uns machen würden. Es war ein tägliches Problem, genug Essen fürs Überleben zu besorgen. Allein in Frankfurt verhungerten damals über 9.800 Menschen.«

Günter Kahl
mit Heinz B. (li), 1942

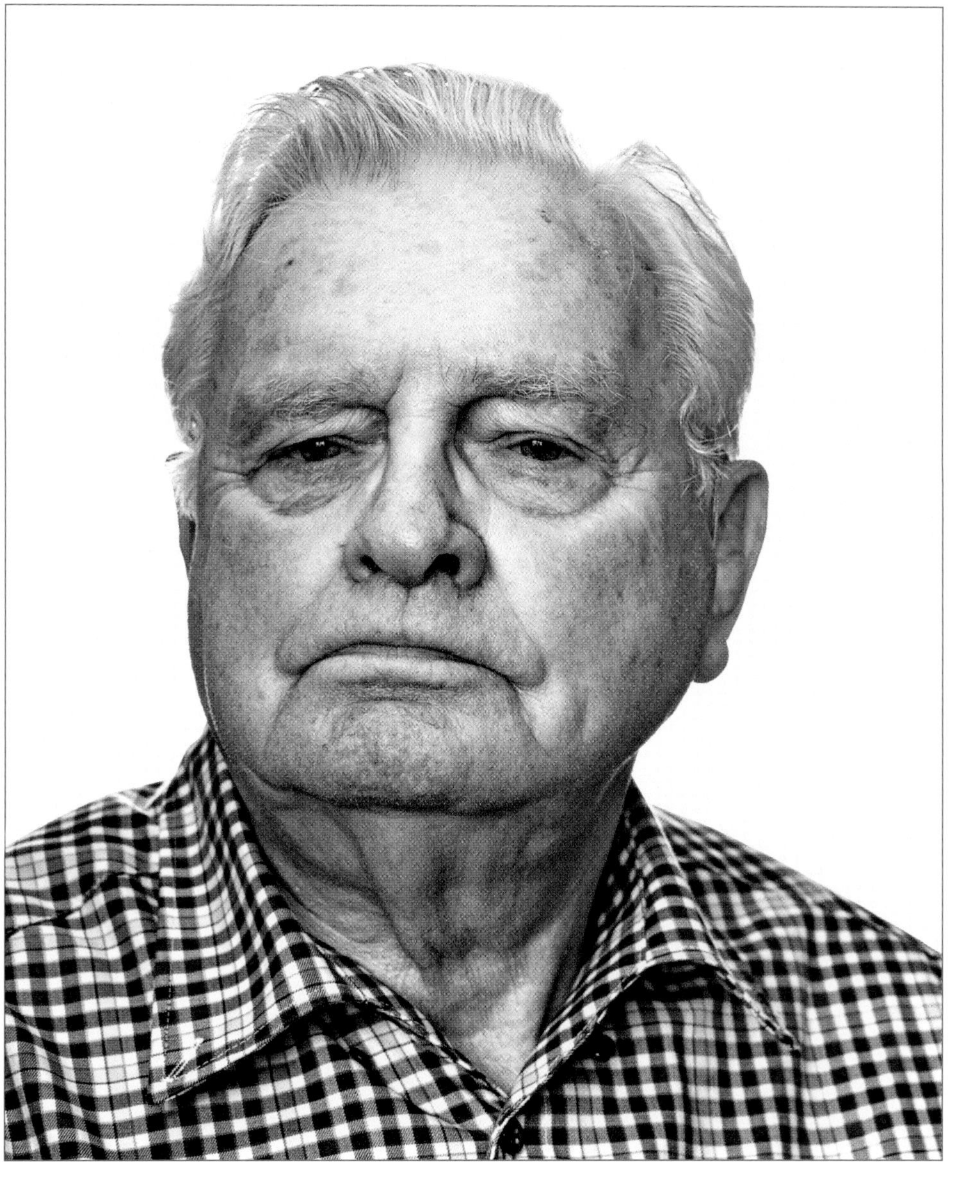

Günter Kahl,
97 Jahre, Frankfurt (Oder)

» Kriegsende! 13 Kekse pro Tag!
Erst mal überleben, irgendwo unterkommen.
Und was ist mit Mutter? «

Heinz Fritz August Brandt
mit Schwester, 1943

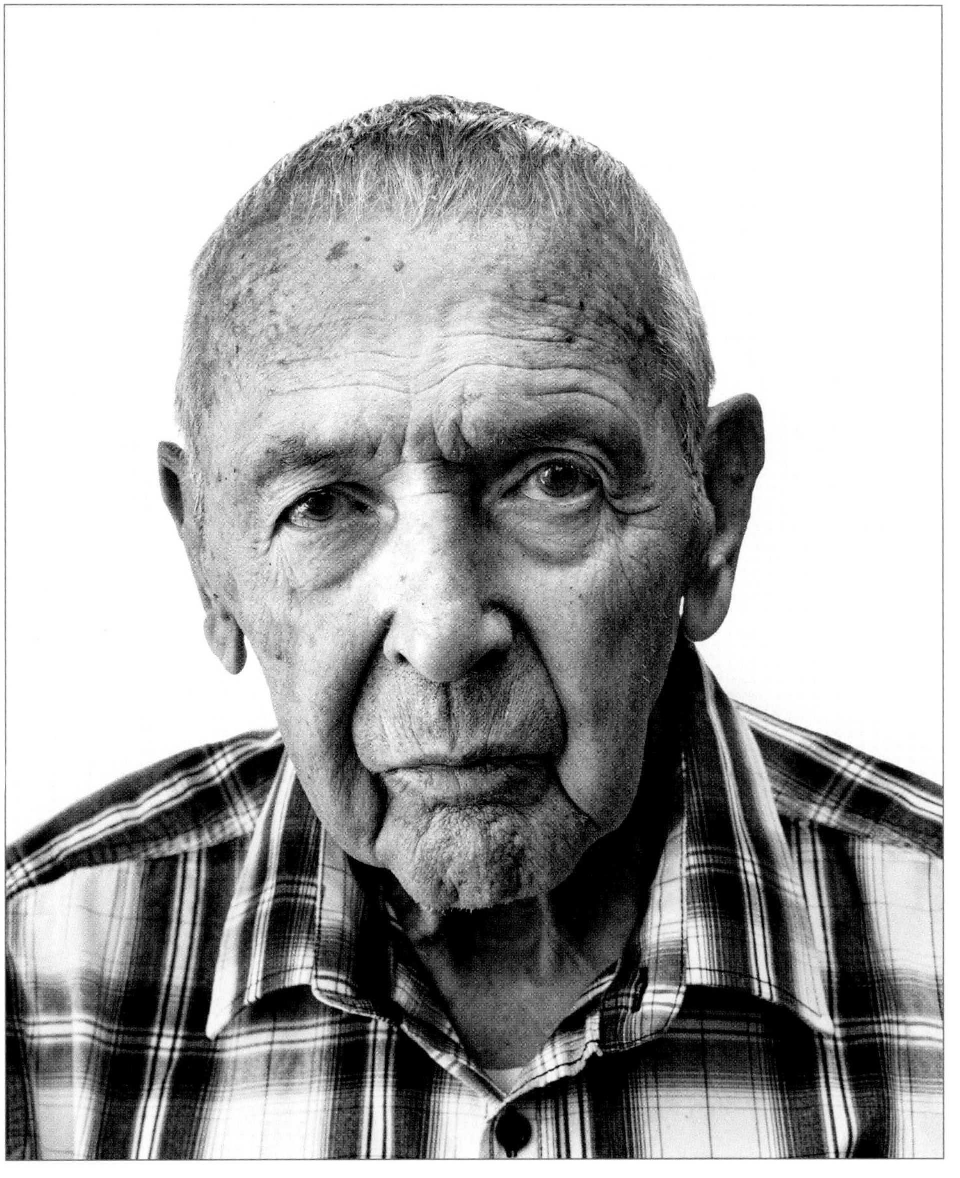

Heinz Fritz August Brandt,
92 Jahre, Letschin

Herbert Brettschneider, 1943

Herbert Brettschneider,
95 Jahre, Prenzlau

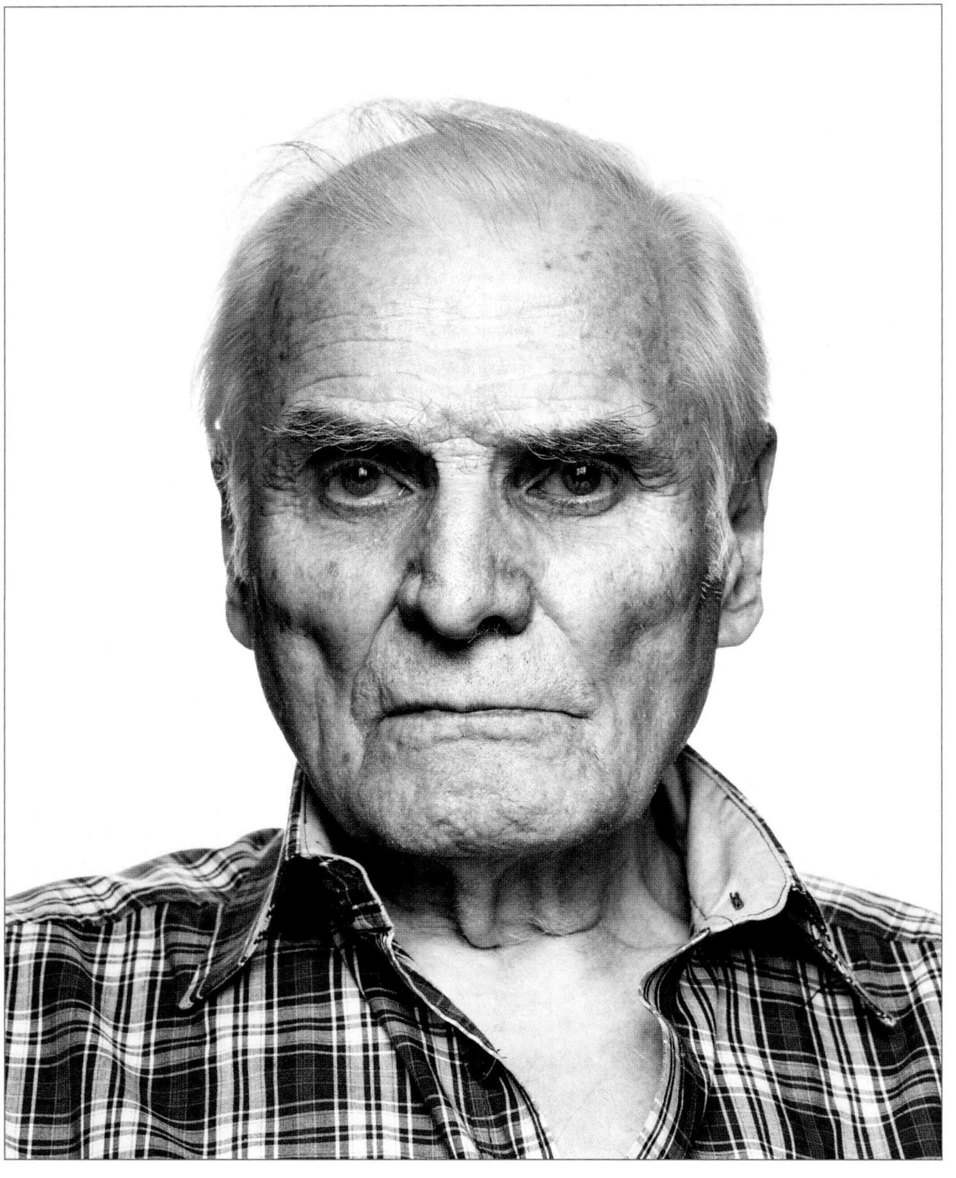

Werner Richter,
91 Jahre, Teltow

Erwin Dobe,
95 Jahre, Frankfurt (Oder)

Heinz Schuster,
1950

Heinz Schuster,
94 Jahre, Werder (Havel)

Christian Müller-Lorenz

Zwischen »Befreiung« und »Katastrophe«

Der 8. Mai 1945 in der Erinnerung

»Ich fordere: Der 8. Mai muss ein Feiertag werden!«[1]

Am 27. Januar 2020, dem Tag des Gedenkens an die Opfer des Nationalsozialismus, veröffentlichte Esther Bejarano, Überlebende der Shoah und Vorsitzende des Auschwitz-Komitees in Deutschland, einen offenen Brief an den Bundespräsidenten Frank-Walter Steinmeier und an Bundeskanzlerin Angela Merkel. Darin erinnerte sie nicht nur an den langen Weg der Aufarbeitung nationalsozialistischer Verbrechen und die zögerliche Entwicklung eines Unrechtsbewusstseins im Laufe der Geschichte der Bundesrepublik Deutschland. Sie rief die Menschen auch auf, sich den neuen Rechten, dem aufkeimenden Rechtspopulismus, den offen antisemitischen und rassistischen Übergriffen entgegenzustellen. Die Forderung, den 8. Mai zu einem Feiertag zu erheben, sei, so Bejarano, seit sieben Jahrzehnten überfällig und die Erfüllung dieser Forderung werde den Deutschen helfen, die Befreiung vom NS-Regime auch als solche zu begreifen.

Die Überlegungen dazu sind nicht neu. 75 Jahre nach dem Ende des Zweiten Weltkrieges erhob das Land Berlin den Tag der Befreiung vom Nationalsozialismus einmalig zum Feiertag, also einem arbeitsfreien Tag. Die rot-rot-grüne Landesregierung wollte daran erinnern, dass »die Barbarei der Nazis, der Völkermord an den Jüdinnen und Juden, den Roma und Sinti, die Versklavung von Hunderttausenden von Osteuropäerinnen und Osteuropäern, die Verfolgung von Sozialistinnen und Sozialisten, Kommunistinnen und Kommunisten,

Christinnen und Christen, die Euthanasie an kranken Menschen«[2] in Berlin als NS-Herrschaftszentrum begonnen hatte. Im Januar 2019 verabschiedete das Berliner Abgeordnetenhaus einen entsprechenden Gesetzesentwurf.

In Brandenburg ist der 8. Mai seit 2015 ein gesetzlich verankerter Gedenktag. Für Ministerpräsident Dietmar Woidke ist damit »der Auftrag zum Gedenken« verbunden, »der Auftrag, sich zu erinnern und Sorge dafür zu tragen, dass so etwas nie wieder passiert.«[3] Nichtsdestoweniger waren auch in Brandenburg Anfang Januar 2020 Forderungen laut geworden, mit einem einmaligen Feiertag an das Kriegsende zu erinnern. Die Landtagsfraktion der Linken begründete ihren Vorschlag mit dem Zulauf, den rechte Strömungen nach wie vor in Brandenburg erfahren.[4] Die Landesregierung hatte dem Vorstoß mit dem Hinweis widersprochen, dass ein Gedenktag der Sache nach angemessener sei und ein singuläres Event wenig Nachhaltigkeit verspreche.[5]

Als Esther Bejarano ihren Brief verfasste, waren die öffentlichen Diskussionen in Brandenburg bereits abgeebbt. Die mutige Geste der Frau, die das Konzentrationslager Auschwitz, das Frauen-Konzentrationslager Ravensbrück und einen Todesmarsch von Fürstenberg/Havel bis in die Nähe von Plau am See überlebt hatte, wurde 75 Jahre nach ihrer eigenen Befreiung ausgeschlagen. Die Hand, die sie den Deutschen zur Versöhnung gereicht hatte, war nicht angenommen worden. Vielleicht war ihre Forderung von vornherein zum Scheitern verurteilt. Vielleicht kam ihre Forderung auch zum richtigen Zeitpunkt, um eine neue Debatte über den zukünftigen Umgang mit unserer nationalsozialistischen Vergangenheit anzustoßen.

(K)ein Tag zum Feiern

»Der 8. Mai ist für uns Deutsche kein Tag zum Feiern. Die Menschen, die ihn bewußt erlebt haben, denken an ganz persönliche und damit ganz unterschiedliche Erfahrungen zurück. Der eine kehrte heim, der andere wurde heimatlos. Dieser wurde befreit, für jenen begann die Gefangenschaft. Viele waren einfach nur dafür dankbar, daß Bombennächte und Angst vorüber und sie mit dem Leben davongekommen waren. Andere empfanden Schmerz über die vollständige Niederlage des eigenen Vaterlandes. Verbittert standen Deutsche vor zerrissenen Illusionen, dankbar andere Deutsche vor dem geschenkten neuen Anfang.«[6] (Richard von Weizäcker, 1985)

Am Tag genau vier Jahre nach der bedingungslosen Kapitulation der Wehrmacht verabschiedete der Parlamentarische Rat – die verfassungsgebende Versammlung der späteren Bundesrepublik Deutschland – das Grundgesetz. Der symbolische Charakter dieser Handlung sollte jedoch nicht überbewertet werden. Der 8. Mai fand in der Erinnerungskultur der Bonner Republik lange Zeit nur wenig Beachtung.[7] Während der dritten Lesung des Entwurfs zum Grundgesetz brachte Theodor Heuss den tiefsitzenden Zwiespalt zum Ausdruck, der die westdeutsche Erinnerungskultur über Jahrzehnte prägen sollte: »Im Grunde genommen bleibt dieser 8. Mai 1945 die tragischste und fragwürdigste Paradoxie der Geschichte für jeden von uns. Warum denn? Weil wir erlöst und vernichtet in einem gewesen sind.«[8]

Noch 36 Jahre später spricht Bundespräsident Richard von Weizsäcker im Deutschen Bundestag von den »unterschiedlichen Erfahrungen«, der »vollständigen Niederlage« und den »zerrissenen Illusionen« der Deutschen. Der 8. Mai sei kein Tag zum Feiern.[9] Zweifelsohne war die Rede des damaligen Bundespräsidenten ein herausragendes Ereignis in der bundesrepublikanischen Erinnerungskultur, ja eine »Sternstunde deutscher Nachkriegsgeschichte«[10], wie es der damalige israelische Botschafter in Deutschland, Jitzhak Ben-Ari, ausdrückte. Dabei waren Weizsäckers Worte keineswegs revolutionär. Vordergründig argumentierte er im Rahmen der offiziellen Geschichtsrhetorik.[11] Neu und bemerkenswert war jedoch, dass sich das Staatsoberhaupt der Bundesrepublik Deutschland erstmals ausnahmslos zur Notwendigkeit einer anhaltenden Auseinandersetzung mit der nationalsozialistischen Vergangenheit bekannte. Und auch die Herangehensweise war einzigartig. Von langer Hand geplant, hatte Richard von Weizsäcker Gäste aus Politik und Gesellschaft, aus dem In- und Ausland, ins Bundespräsidialamt geladen und allen die gleiche Frage gestellt: »Was bedeutet Ihnen der 8. Mai?«[12]

Die Antworten, die Richard von Weizsäcker erhielt und die in seine oben zitierte Rede einflossen, offenbarten eine tiefsitzende Dichotomie aus Befreiungserzählung und Untergangserfahrung, die das kollektive Erinnern der Bundesrepublik bis zur Wiedervereinigung bestimmte. Nicht umsonst schrieb Heinrich Böll im Erinnerungsjahr 1985 in einem Brief an seine Söhne: »Ihr werdet die Deutschen immer wieder daran erkennen können, ob sie den 8. Mai als Tag der Niederlage oder der Befreiung bezeichnen.«[13]

Die Deutsche Demokratische Republik reagierte auf die Bürde, die die Verbrechen des Nationalsozialismus hinterlassen hatten, mit dem legitimitäts- und sinnstiftenden Gründungsmythos eines antifaschistischen Widerstandskampfes. Das Ende des Zweiten Weltkrieges war aus Sicht der sozialistischen Staatsdoktrin seit jeher ein »Tag der Befreiung«. Bis 1967 war der 8. Mai auch offizieller Feiertag in der DDR.[14]

Aus diesem Grund vermuteten westdeutsche Historiker noch bis 1990, dass die Bürger der DDR ein differenzierteres Bild vom Nationalsozialismus hätten, als es im Westen der Fall war.[15] Auch ostdeutsche Wissenschaftler wurden enttäuscht, als sie Mitte der 1980er Jahre bei Jugendlichen in der DDR nach einem gelebten Antifaschismus suchten.[16]

Zwar wurde das ostdeutsche Gedenkjahr 1985 bereits am 11. Januar mit einem medienwirksamen Aufruf »zum 40. Jahrestag des Sieges über den Hitlerfaschismus und der Befreiung des deutschen Volkes«[17] eingeleitet. Die darin genannten Formeln wie »Deutsche Antifaschisten in der Front der Sieger« oder »Wir in der DDR haben die Chance von 1945 genutzt« folgten jedoch den seit Mitte der 1950er Jahre festgeschriebenen Inhalten der DDR-Erinnerung. Ein Ausbruch aus dieser antifaschistischen Geschichtserzählung war im öffentlichen Raum kaum möglich.

Die fehlende gesellschaftliche Auseinandersetzung in der kanonisierten DDR-Geschichtspolitik führte seit den 1970er Jahren »zur Formierung einer politischen Gegenöffentlichkeit«[18]. Es ist dem Engagement dieser Gegenöffentlichkeit zu verdanken, dass die staatliche Geschichtspolitik der DDR zumindest in kleinem Kreise hinterfragt wurde. Wie schwierig die persönliche Auseinandersetzung mit der eigenen und der familialen Erinnerung in der DDR war, zeigt Katinka Meyer mit ihrem Beitrag in diesem Band.

Das große Wort »Befreiung«[19]

»Da saßen wir nun auf den Trümmern, die der Krieg uns hinterlassen hatte. Wenn auch Politiker später das große Wort ›Befreiung‹ im Munde führten, in meiner näheren Umgebung und in unserem Bekanntenkreis hat das keiner so empfunden.«[20]

Erinnerungen sind eine knifflige Sache. Der Neuropsychologe Daniel L. Schacter sieht in ihnen »die hinfälligen, aber machtvollen Produkte dessen, was wir aus der Vergangenheit behalten, über die Gegenwart glauben und von der Zukunft erwarten«.[21] Erinnerungen enthalten also nicht allein, was wir primär erlebt, gesehen oder gehört haben. Sie sind Interpretationen des Erfahrenen vor dem Hintergrund sozialer Bedeutsamkeit.

Wenn der oben zitierte Jörg Sonnabend Jahrzehnte nach dem Ende des Zweiten Weltkrieges schreibt, dass im Jahr 1945 in seiner näheren Umgebung und im Bekanntenkreis niemand von Befreiung gesprochen habe, dann muss diese Aussage zunächst objektiv hinterfragt werden. In welchem Zusammenhang wurde sie getroffen? Welche persönlichen oder gesellschaftlichen Intentionen verband der Autor mit den Worten? Eine ausführliche Quellenkritik ist aus Platzgründen hier zwar nicht möglich. Das Zitat verweist aber auf eine umfangreiche Sammlung authentischer Berichte: das Zeitstimmenarchiv der Brandenburgischen Literaturlandschaft e.V.

Das Archiv beinhaltet Zehntausende Einträge von Brandenburgerinnen und Brandenburgern aus den Jahren 1858 bis 2017.[22]

In den 1.465 Einträgen des Jahres 1945 kommt das Wort »Befreiung« insgesamt zweimal vor. Am 31. Januar 1945 berichtet der 58-jährige Ernst Johann Prochnow im pommerschen Woldenberg (heute: Dobiegniew) von der aufkeimenden Hoffnung auf Befreiung seiner Heimatstadt durch deutsche Truppen. Der zweite Eintrag, in dem das Wort Verwendung findet, stammt von Ernst Grencku.[23] Er fasst das Jahr 1945 in seinem Tagebucheintrag vom 28. Dezember mit folgenden Worten zusammen: »Mein Gedanke am Schluß dieses ›Befreiungsjahres‹ ist Fluch und Verwünschung allen Nazis und ihren Gönnern und Freunden, und das sind sie hier alle!«[24] Das Wort »Befreiung« spielt in der Tat keine große Rolle in den überlieferten zeitgenössischen Berichten des Jahres 1945 in Brandenburg.

Worüber schrieben die Brandenburgerinnen und Brandenburger in jenem Jahr? Was wollten die 22 Frauen und 23 Männer in Briefen, Tagebüchern, Postkarten und Notizen einer unbekannten Nachwelt hinterlassen? Das wohl wichtigste Thema einer zusammenbrechenden Gesellschaft im Kriegsgebiet war mit knapp 50 Prozent der Einträge die Versorgung mit Lebensmitteln sowie die ärztliche Versorgung von verwundeten, kranken oder alten Menschen. Sehr viele dieser Einträge beschreiben, welche Nahrungsmittel vorhanden waren und welche Gerichte gekocht wurden. Etwa 25 Prozent der Einträge berichten von Kriegshandlungen. Dabei geht es seltener um die eigenen Kriegserlebnisse der Autorinnen und Autoren. Das liegt vor allem daran, dass nur wenige Berichte von Soldaten überliefert sind. Es gibt Berichte über die herannahende Front, über Kriegslärm, über vorbeiziehende deutsche Truppen, über einmarschierende Soldaten der Roten Armee, über Zerstörungen und vorbeiziehende Kriegsgefangene. Eine nicht geringe Anzahl von Einträgen beinhaltet Berichte von Enteignungen durch die Sowjetische Militäradministration bzw. durch sowjetische Soldaten (4,5 %), von Plünderungen (10,6 %), von Vergewaltigungen (3,4 %) oder von andersartiger Gewalt gegenüber der brandenburgischen Zivilbevölkerung (6 %). Über NS-Verbrechen (2,5 %) oder eine gewisse Kritik am Nationalsozialismus (0,5 %) schreiben nur wenige. Viel häufiger geht es um das Wetter (12,6 %), um die Arbeit und das Bestellen der Felder (16,4 %), die Mobilität (11,6 %), um Schäden durch Kampfhandlungen (10 %) oder die Sorge um Vermisste und Berichte über Getötete (13,2 %).

Die Not, sich mit der eigenen, sehr nahen Vergangenheit auseinanderzusetzen, wurde von der Not überlagert, zu überleben. Diese Not war am 8. Mai 1945 noch nicht beseitigt. Auch verhinderte das durch die NS-Propaganda jahrelang geschürte antibolschewistische Feindbild, dass die sowjetische Armee als Befreier gesehen werden konnte.[25] Als der Krieg endlich vorbei war, gab es für Erleichterung nur wenig Platz. Sie wurde von der tiefsitzenden Unsicherheit verdrängt, die der Untergang des Deutschen Reiches mit sich brachte. Stellvertretend für eine ganze Generation schrieb die 43-jährige Hildegard Muschan am 8. Mai 1945 in Rathenow: »Wir hören Hurrarufe der Russen. Der furchtbarste Krieg aller Kriege ist zu Ende. Armes Vaterland, wie wird es dir nun ergehen?«[26]

Ein Tag der Erinnerung

»Und als am 8. Mai 1945 Deutschland kapitulierte, war's natürlich für uns ein Tag der Befreiung und des Neubeginns. Ich denke, ich hatte das Gefühl, zum zweiten Mal geboren zu sein.«[27]

Ilse R. erlebte den Tag der Befreiung am 8. Mai 1945 in Berlin. Nur wenige Jüdinnen und Juden hatten das Ende des Zweiten Weltkrieges in der Stadt miterlebt. Ilse R. und ihr Mann waren 1942 in den Untergrund gegangen, um der Deportation zu entgehen. In ständiger Angst vor der Verhaftung hatten sie mehrfach das Versteck und illegale Beschäftigungen wechseln müssen. Als am 8. Mai 1945 die Kapitulation verkündet wurde und Ilse R. das Gefühl einer zweiten Geburt erlebte, begegneten ihr plötzlich überall Widerstandskämpfer. »Ich weiß noch ganz genau, wie jemand, ein Christ, ein Arier, ein Deutscher, uns sagte: ›Wir sind doch alle Opfer des Faschismus.‹ Das konnte ich nicht akzeptieren.«[28] Wie viele Bekannte, Verwandte und Freunde waren nicht zurückgekehrt? Nur wenige stellten diese Frage und nur wenige wollten Verantwortung übernehmen. Ilse R. wurde bis an ihr Lebensende von der Angst verfolgt: »Und bloß nicht weiterschlafen! Weil ich denke, das geht weiter und weiter wie eine grauenhafte Geschichte.«[29]

Esther Bejaranos Forderung, den 8. Mai zum bundesweiten Feiertag zu erheben, wurde von der gleichen Angst angetrieben, die auch Ilse R. verfolgte: der Albtraum, Rassismus und Antisemitismus, Populismus und rechte Hetze könnten in Deutschland wieder zur Staatsdoktrin erhoben werden. Die Erkenntnis, dass am 8. Mai 1945 alle Menschen vom Nationalsozialismus befreit wurden, sollte als Chance auf einen – wenn auch verspäteten – Neuanfang verstanden werden.

Der 8. Mai wird in vielen europäischen Ländern als »Tag der Befreiung« gefeiert. In Frankreich, Tschechien und der Slowakei ist er ein offizieller Feiertag. In Italien ist der 25. April der Jahrestag der Befreiung, in den Niederlanden wird der 5. Mai als Bevrijdingsdag begangen. In Russland und vielen weiteren Nachfolgestaaten der Sowjetunion ist der 9. Mai der Tag des Sieges über den Hitlerfaschismus.

Könnte auch Deutschland in den Kreis der Länder treten, die den 8. Mai als Tag feiern, an dem Europa endlich vom Nationalsozialismus befreit wurde? Könnte Deutschland den Tag feiern, an dem die Vorherrschaft derer beendet wurde, die Millionen Menschen verfolgt, versklavt und ermordet hatten? Könnte Deutschland an diesem internationalen Feiertag den unzähligen gefallenen Soldaten die Ehre erweisen, die beim Kampf gegen die deutsche Wehrmacht ihr Leben gelassen hatten?

Warum nicht. Ein freier Tag, der es Menschen ermöglicht, an Gedenkveranstaltungen, Podiumsdiskussionen oder Demonstrationen für Freiheit, Demokratie, Diversität etc. teilzunehmen, würde die Bedeutung des 8. Mai nur betonen. Nicht zuletzt muss die Frage erlaubt sein, ob ein arbeitsfreier Tag – ein Feiertag – genügt? Mit Blick auf die Häufung rechtsextremer Gewalttaten, antisemitischer Äußerungen und fremdenfeindlicher Übergriffe in Deutschland wird deutlich, dass unsere historische Verantwortung, die Geschichte des Nationalsozialismus aufzuarbeiten, den Opfern zu gedenken, nicht an Bedeutung verloren hat. Der 8. Mai kann ein Feiertag werden, er muss aber auch ein Tag der Erinnerung bleiben. Oder, um es mit den Worten der Journalistin Ayala Goldmann auszudrücken: »Ein arbeitsfreier 8. Mai ist schön, aber Symbolpolitik reicht nicht. Wir sollten jetzt schon darüber nachdenken, was in den nächsten Jahren passieren soll.«[30]

1 Esther Bejarano: Offener Brief an die Regierenden und alle Menschen, die aus der Geschichte lernen wollen, 27. Januar 2020, zit. n. auschwitz-komitee.de (Stand: 16. Februar 2020).

2 Katina Schubert (LINKE) zum Tagesordnungspunkt 16: Gesetz zur Änderung des Gesetzes über die Sonn- und Feiertage, in: Abgeordnetenhaus Berlin, 18. Wahlperiode, Plenarprotokoll, 35. Sitzung, 13. Dezember 2018, S. 4096.

3 Dietmar Woidke: Rede zur Gedenkveranstaltung am 30. April 2015 im Brandenburger Landtag, in: *Schriften des Landtages Brandenburg,* Heft 2/2015, S. 9 f., zit. S. 9.

4 Igor Göldner: Linke schlägt 8. Mai als gesetzlichen Feiertag in Brandenburg vor, in: *Märkische Allgemeine Zeitung* vom 6. Januar 2020, zit. n. maz-online.de (Stand: 16. Februar 2020).

5 Vgl. Koalition gegen Feiertag am 8. Mai 2020, in: *Jüdische Allgemeine* vom 8. Januar 2020, zit. n. juedische-allgemeine.de (Stand: 16. Februar 2020).

6 Aus der Rede Richard von Weizsäckers im Deutschen Bundestag am 8. Mai 1985, zit. n. bundespraesident.de (Stand: 28. Januar 2020).

7 Vgl. Jan Holger Kirsch: »Wir haben aus der Geschichte gelernt«. Der 8. Mai als politischer Gedenktag in Deutschland, S. 47 ff., in: zeitgeschichte-digital.de (Stand: 28. Januar 2020).

8 Theodor Heuss: Dritte Lesung des Entwurfs eines Grundgesetzes für die Bundesrepublik Deutschland (Ausschnitte), 8. Mai 1949, zit. n. parlamentarischerrat.de (Stand: 28. Januar 2020).

9 Vgl. Anm. 6.

10 Jitzhak Ben-Ari: Sternstunde der deutschen Nachkriegsgeschichte, in: *Frankfurter Allgemeine Zeitung* vom 11. Mai 1985, S. 6.
11 Vgl. Cornelia Siebeck: »Einzug ins verheißene Land«. Richard von Weizsäckers Rede zum 40. Jahrestag des Kriegsendes am 8. Mai 1985, in: *Zeithistorische Forschungen* 12 (2015), S. 161–169, hier S. 163.
12 Antje Vollmer: Trauerrede für Richard von Weizsäcker, 11. Februar 2015 im Berliner Dom, zit. n. antje-vollmer.de (Stand: 6. Februar 2020).
13 Heinrich Böll: Brief an meine Söhne oder: Vier Fahrräder, in: *Die Zeit* vom 15. März 1985, S. 13–16, Zit. S. 15.
14 Vgl. Christoph Kleßmann: 1945 – welthistorische Zäsur und »Stunde Null«, in: zeitgeschichte-digital.de (Stand: 16. Februar 2020), S. 3.
15 Vgl. Lutz Niethammer: Juden und Russen im Gedächtnis der Deutschen, in: Walter H. Pehle (Hrsg.): *Der historische Ort des Nationalsozialismus,* Frankfurt am Main 1990, S. 114–134, hier S. 132.
16 Vgl. Harald Welzer, Sabine Moller, Karoline Tschuggnall: *»Opa war kein Nazi« Nationalsozialismus und Holocaust im Familiengedächtnis,* Frankfurt am Main 2015, S. 162 ff.
17 *Neues Deutschland* vom 11. Januar 1985, S. 1.
18 Jan Holger Kirsch: »Wir haben aus der Geschichte gelernt«. Der 8. Mai als politischer Gedenktag in Deutschland, in: zeitgeschichte-digital.de (Stand: 28. Januar 2020).
19 Dieses Kapitel konnte nur durch die Mithilfe von Marlene Kaun entstehen, die in mühevoller Kleinarbeit die Einträge im Zeitstimmenarchiv auf zeitstimmen.de verschlagwortet und ausgewertet hat.
20 Jörg Sonnabend: Erinnerungen an das Kriegsende 1945, zit. n. zeitstimmen.de (Stand: 16. Februar 2020).
21 Zit. n. Sabine Moller: Erinnerung und Gedächtnis, in: docupedia.de (Stand: 16. Februar 2020).
22 Vgl. zeitstimmen.de.
23 Ernst Johann Prochnow: 31. Januar 1945, zit. n. zeitstimmen.de (Stand: 16. Februar 2020).
24 Ernst Grencku: 28. Dezember 1945, zit. n. zeitstimmen.de (Stand: 16. Februar 2020).
25 Vgl. Volker Ullrich: Durchhalten, in: zeit.de (Stand: 16. Februar 2020).
26 Hildegard Muschan: 8. Mai 1945 in Rathenow, zit. n. zeitstimmen.de (Stand: 24. Januar 2020).
27 Interview mit Ilse R., zit. n. *Archiv der Erinnerung. Interviews mit Überlebenden der Shoah,* Begleitheft zur Video-Edition, Berlin 1998, S. 149–159, Zit. S. 157.
28 Ebd.
29 Ebd.
30 Ayala Goldmann: 8. Mai als Feiertag: Symbole reichen nicht, in: *Jüdische Allgemeine* vom 9. Januar 2020, zit. n. juedische-allgemeine.de (Stand: 24. März 2020).

Manja Präkels

Unterm Gras die Knochen

Der Krieg schmeckte nach dem abgeknabberten Ende meines Bleistifts. Dafür gab es Stubenarrest, weil man die Dinge achten soll. Auch den Bleistift. Kauend hatte ich im Geschichtsunterricht hinten links in der letzten Reihe gesessen und mich in der Betrachtung des Zeitstrahls verloren. Urgesellschaft. Sklavenhaltergesellschaft. Schritt für Schritt ins Paradies. Das Vorwärtskommen schmerzhaft. Verlustreich. Im Kampf. Im Krieg. Draußen, auf dem Schulhof, quälte sich ein älterer Jahrgang Runde um Runde durch die Sommerhitze immer um den Fahnenmast herum. Man konnte gar nicht hinschauen, so schwitzten sie unter ihren Gasmasken. Würden wir alle für immer Soldaten sein?

Opa war desertiert. Entkommen. Mit Glück. Er wusste genau, wo er die anderen zum letzten Mal gesehen hatte. Halbwüchsige Hitlerfans, wie er einer gewesen war. Beim »Volkssturm«. Viele Jahre lang fuhr er immer wieder hin. Immer am gleichen Tag. Zu der Scheune, in der sie dem Todesmarsch begegnet waren, den ausgemergelten, erniedrigten Frauen. Zu der Scheune, in der er damals einem lebensentscheidenden Impuls gefolgt war. Jedes Mal hatte er gehofft, jemanden zu treffen. Vergeblich. Einmal habe ich ihn direkt gefragt, am Kaffeetisch, an meinem zwanzigsten Geburtstag: »Opa, wo bist du eigentlich im Krieg gewesen?« Starres Entsetzen bei Eltern, Onkels, Tanten. Wie konnte ich bloß! Opa aber schaute nur kurz auf und redete los. Wollte gar nicht mehr aufhören. Nichts war für ihn vorbei. Gar nichts. So wenig wie für mich. In den Kinderzimmern der Nachbarschaft flimmerten wieder die alten Wochenschauen. Freundinnen verliebten sich in Jungs mit Hakenkreuz-Tattoos, die nachts Menschen durch die Innenstadt jagten, tagsüber auf die Gräber der Sowjetsoldaten pissten. Ich fragte mich, wer wir geworden waren. Warum?

Eine frühe Erinnerung: Reifen auf Asphalt. Fahrräder

über Fahrräder und doch keine Friedensfahrt. Ich sitze vorn, im Kinderkorb. Mit Übersicht. Die Mutter steuert uns durch die Menge der Werktätigen, die aus allen Teilen der Stadt zur Arbeit strömen. Der helle Klang der Klingeln, die kurz anschlagen, wo immer eine Unebenheit die Straße prägt, dazwischen Raucherhusten, leise Grüße. Ich friere. Das liegt daran, dass ich noch gar nicht wach bin.

Dann Salutschüsse. Alle Räder stehen still. Tauben steigen in den blauen Himmel. Wir sind eine Demonstration. Wir alle, auch die Kinder. Hoch die rote Fahne. Es muss ein Erster Mai sein. Kampftag. Aber gegen wen? Mutter steht jetzt ganz vorn in ihrer Uniform. Unter der Fahne. Ich kann sie nicht erreichen. Sie ist jemand anderes, sieht mich nicht. Nur den Himmel und die Fahnen und ob auch alle Kinder tun, was sie von ihnen verlangt. Ich gehöre nicht dazu. Noch nicht.

Meine Kindheit war wie Erde in Mund, Ohren und Nase. Eine Welt aus Geheimnissen von Erwachsenen. Eine Welt, in der du nichts verstehst, dein Wort nichts gilt. Eine Welt, in der Höllengestalten wie Jummiohr den Weg wiesen. Jummiohr, der aus dem Krieg, von dem alle so laut schwiegen, dass er stets allgegenwärtig blieb, mit einem Ohr weniger zurückgekehrt war. Starr nicht hin, Kind. Das war der Krieg. Und die Sowjetsoldaten hatten im Wald ihre eigene Stadt. Wegen des Krieges. Manchmal konnten wir Schüsse hören. Furcht spüren. Halt den Mund, Kind, das verstehst du nicht.

Omi ist das piepegal, ob einer versteht. Sie erzählt gern Geschichten. Ich mag es, mich zu gruseln. Und ihr Vorrat scheint unerschöpflich zu sein. Wenn sie von früher spricht, ist es immer Winter. Immer Krieg. Und sie weint dabei, sagt »Russen« und meint Sowjetsoldaten. Ihre Freundin wollte danach nicht mehr leben. Nach den Russen. Aber das verstehe ich ja noch nicht. Sagt sie und redet weiter. Nächste Geschichte: In den Trümmern, die sich bis zum Himmel türmten, wurden junge Rotarmisten in Fallen gelockt, und am nächsten Tag gab es endlich wieder Fleisch. Verstehe ich auch nicht. Nächste Geschichte. Erzähl noch mal die mit dem erfrorenen Pferd.

Ein greller Erinnerungsfetzen: Am Ehrenfriedhof, dicht bei den Gräbern, hocke ich und halte nach einem bekannten Gesicht Ausschau. Nach jemandem zum Spielen. Ich stochere mit einem Stöckchen im Gras, stoße auf etwas Helles, Ungewöhnliches. Als ich die obere Schicht durchstoße, schlägt mir ein so übler Gestank entgegen, dass ich mich fast übergeben muss. Mit zugehaltener Nase inspiziere ich die Stelle erneut. Tausende kleiner Maden wimmeln in alle Richtungen durchs Gras. Mein Schreien weckt die Hunde aus dem Mittagsschlaf. Ihr lautes Gebell begleitet meine Gewissheit, einen der Toten ausgegraben zu haben.

Später, auf dem Schulhof: KZ-Witze. Das Lager Ravensbrück liegt ganz in der Nähe. Man fährt nur hin, wenn man muss. Wer hat Angst vorm Schwarzen Mann?

Kein Kinderspiel. Sie jagen wieder. Aufgehetzte Schreie fordern, »die Kohlen« in den Fluss zu werfen. Ich ducke mich. Wie alle anderen. Und kann es nicht vergessen. Vergessen. Vererbt sich das? Die allermeisten können es doch sehr gut. Erinnern sich weder an die Angstschreie noch an das, was zuvor oder später geschah. Die aber, die sich erinnern können, die treffen sich. Auf den Bahnhöfen Osteuropas. In Antiquariaten. Auf Flohmärkten. Sie durchstreifen Gassen und Markthallen, vertrauten Gerüchen hinterherjagend. Fahren Jahr für Jahr an den alten Ort und hoffen, es kommt einer zurück. So wie Opa.

Es sind die Sonntage, die bleiben. Wenn die Arbeit ruhte, die Mutter mich nicht vor Sonnenaufgang weckte und durch die Kälte zum Kindergarten fuhr, wo gegessen wurde, was auf den Tisch kam. Die Tage, an denen Vater den Gemüseladen geschlossen halten und einfach liegen bleiben konnte. Meine älteren Cousins reparieren mit ernsten Mienen ein Moped im Hof. Und ich bin frei. Darf alleine raus, denn der Hund ist ja bei mir. Menschen lächeln über Fensterbänke hinweg. Es fährt kein Auto. Nur das Pferdegespann des alten Fuhrunternehmers, der niemals frei hat, erschüttert die Ruhe mit Hufgeklapper. Im Rotdorn piepen Vögel. Die Angler am Fluss lassen mich bei sich sitzen. Aber nur, wenn der Hund still ist. Ein Militärkonvoi der Roten Armee überquert die Brücke, unter der wir sitzen. Der Beton vibriert. Verächtliches Ausspucken. Geballte Fäuste. Der Hund will nach Hause. Zu Oma.

Mit dem Schulbeginn kam die Pflicht. Kam der Zeitstrahl. Aufgaben pflasterten den Weg in eine glorreiche Zukunft, die man sich als Kind höchstens als fernen Planeten vorstellen kann. Wir marschierten über frisch abgeerntete Rübenfelder, warfen Handgranaten im Sportunterricht und sangen Lieder, die ein Morgen beschworen, an das kein Erwachsener mehr glaubte. Bis auf die Musiklehrerin vielleicht. Und die Mutter natürlich. Die Tränen der alten Kommunisten in den Klubs der Volkssolidarität galten ihren Erinnerungen und Träumen aus anderen Zeiten, die wir singend beflügelten: »O lasset uns im Leben bleiben, weil jeden Tag ein Tag beginnt. O wollt sie nicht zu früh vertreiben, alle, die lebendig sind.«

Wenn sie von Lagern und Widerstand erzählten, konnten wir den Krieg fühlen. Den Stacheldraht. Die Angst. Manchmal spielten wir ihn auch nach. An den Gepettos. Einem alten Ehepaar, das aufgrund des fremd klingenden Namens, seiner ärmlichen Behausung und des zurückgezogenen Lebens die missbilligende Neugier der Provinzbewohner auf sich zog, sodass wir Kinder straffrei unsere makabren Späße mit ihnen treiben konnten. Kleine Vollstrecker. Wir warfen Steine auf die hölzernen Fensterläden. Wenn der Alte dann, vor Empörung und Angst zitternd, hinaustrat, lachten wir. Gemein und skrupellos. Am Abendbrottisch wurde uns meist verziehen. Wer war nicht mit solchen Scherzen aufgewachsen? Als gelte es, eine Grundhärte zu erlernen. Mitgefühl zu verlieren.

Manöver Schneeflocke. Ein Gewaltmarsch, sagen sie. Der Wind dringt durch alle Kleidungsschichten. Es fällt schwer, den Kompass zu halten. Wir kriechen durch das Dickicht. Klettern auf Bäume. Bestimmen Pflanzen und folgen einer Spur. Wir sind die Guten, klar. Der Feind sind die Anderen. Die, die nicht wir sind. Bevor die verkochten Erbsen mit Schwung in der Schüssel landen, muss gesungen werden. Laut und siegesgewiss.

1989. Die Republik wird 40. Unsere Jugendweihe, das Einschwören auf den Staat, steht an. Wir wirken verloren auf den Fotos von damals. Eingeschüchtert. Keine Kosmonauten eines besseren Morgen. Zurückgebliebene. Das Geschichtsbuch, das ich nach den Sommerferien in den Händen halte, ist der Epoche des Übergangs vom Kapitalismus zum Sozialismus gewidmet. Es endet mit der Gründung der DDR. Doch bevor wir so weit sind, bricht die Mauer. Mit ihr die Welt. Was geschieht, ist nicht zu begreifen. Die unheimlichen Beschleunigungskräfte saugen Zombieraserei aus dem Pflaster, den Ritzen der Dachböden und den Geheimverstecken in Kellern. Der Krieg – eben noch eingeschlossen in den Knochen der Alten – scheint wieder hervorzubrechen. Aus unseren jungen Körpern. Einige werden sich Hakenkreuze auf die Hände stechen lassen. Werden brandschatzen und morden. Andere, wie ich, suchen in den Partisanenromanen nach Verbündeten. Und wieder andere werden ganz schnell erwachsen, ziehen gen Westen. In eine neue glorreiche Zukunft. Auf einen anderen fernen Planeten. Wir werden uns später kaum wiedererkennen. Die, die hinausgingen, und jene, die immer dageblieben sind. Über unseren Krieg sprechen wir nicht. So wenig wie die Alten über ihren. Und die Welt dreht sich einfach weiter, ganz ohne Zeitstrahl.

»Die Fahne hoch. Die Reihen fest geschlossen.« Sie singen das laut und siegesgewiss. Die Fußballer der Stadt. Es ist nicht zu überhören und wird dennoch überhört. Im Nachbarort das gleiche Spiel. Als sich eine Anwohnerin beschwert, errichtet der Verein eine Schallschutzwand zwischen ihrem Haus und dem Fußballplatz. Weitersingen, Männer!

Beim Familiengeburtstag lässt ein satirisches Lied Friedrich Hollaenders – er hatte es 1931 für eine Berliner Kabarettbühne geschrieben – die Gäste am Kaffeetisch erblassen. Der Damenchor singt:

»An allem sind die Juden schuld!
Die Juden sind an allem schuld!
Wieso, warum sind sie dran schuld?
Kind, das verstehst du nicht, sie sind dran schuld.«

Nach Sekunden entsetzter Stille bricht Gelächter los. Auf dem Heimweg wird mir klar, dass, solang ich denken kann, noch nie das Wort Jude in dieser Runde gefallen ist. Es wird verschluckt, so wie ein Kind Schimpfworte, die es auf dem Schulhof gelernt hat, in Anwesenheit seiner Eltern verschluckt. Gäbe es einen Platz für verbotene Wörter, stünde das Wort Rassismus nicht fern. Immer die Angst, etwas Falsches zu sagen. Denken, dass das verboten sei. Jene bewundern, die die »Wahrheit« aussprechen. Die Platte hat einen Sprung. Krieg beginnt im Kopf. Seine Verheerungen prägen die Gedanken und Gefühle der Menschen über Generationen hinweg. Es ist schwer, dafür eine gemeinsame Sprache zu finden, die niemanden ausschließt, die alle betrifft. Viel schwerer, als Ruinen wiederaufzubauen, Innenstädte in Pastellfarben anzustreichen und Gedenktafeln einzuweihen.

Ende der Neunziger legen Schülerinnen und Schüler den jüdischen Friedhof in meiner Heimatstadt wieder frei. Sie machen sich gemeinsam mit ihren Lehrern auf Spurensuche. Kurz darauf wird der Friedhof von anderen Kindern der Stadt geschändet. Wieder aufgebaut. Unter Denkmalschutz gestellt. Der Ort ist nicht frei begehbar. Ein Schlüssel zur Besichtigung liegt im Fremdenverkehrsbüro.

»Vorsichtig und verschlossen sind Väter, Mütter und Kinder im Dritten Reich. Meist leben sie nebeneinander her wie Fremde oder wie Feinde«, schreibt Erika Mann in ihrem Buch *Zehn Millionen Kinder*, das sie über Erziehung im Nationalsozialismus verfasste. Offensichtlich war die DDR, das Land, in dem ich aufwuchs, ein Ort, der solcherlei Misstrauen noch zu vertiefen vermochte. Offenbar ist bis heute nichts vergangen. Auch wenn der Zeitstrahl längst auf dem Müll gelandet ist. Der Kampf um Deutungshoheiten bestimmt die Gespräche beim Bäcker. Alle wollen recht behalten. Einigkeit herrscht nur im Pessimismus. Unter jedem Dach ein Ach?

2019. Opas neunzigster Geburtstag. Mit großer Gelassenheit sitzt er inmitten der Kinder, Enkel und Urenkel. Er lacht viel. Genießt die Sonne und die Gesellschaft. Nach wie vor geht eine große Lebendigkeit von ihm aus, allen Verlusten, Rückschlägen, Katastrophen zum Trotz. Er nennt die Dinge beim Namen, pflegt seine Geheimnisse und freut sich noch immer jedes Jahr auf den Mai: »Das ist die beste Zeit.«

Die Band spielt »Capri-Fischer«.

UNSTERBLICHES REGIMENT

Jedes Jahr – am 9. Mai – gehen Hunderttausende Menschen in Russland und auf der ganzen Welt auf die Straße. Sie halten Schilder mit Fotos ihrer Eltern und Großeltern in die Höhe. Sie tragen Orden, alte Militäruniformen und das schwarz-orangene Sankt-Georgs-Band.

Das »Unsterbliche Regiment« startete als unabhängige zivilgesellschaftliche Initiative zur Erinnerung an die Millionen gefallenen Rotarmisten und Veteranen des deutsch-sowjetischen Krieges.

Der russische Staat hat das Gedenken an den »Großen Vaterländischen Krieg« längst vereinnahmt und drängt auf eine neue staatliche Erinnerungskultur. Die Erinnerung an die eigenen Eltern und Großeltern aber bleibt – ob im öffentlichen Raum oder in den eigenen vier Wänden.

Moskau 2017

БОНДАРЬ
Ефим Акимович
рядовой
БЕССМЕРТНЫЙ ПОЛК
САХНО
Иван Дорофеевич
Рядовой

гарштя михаил
владимирович
бессмертный полк
ЛЕВКИН
Николай Дмитриевич
СМАЗНОВ
Федот Григорьевич
BCBGMAXAZRIA

Будник
Максимович
ЕМЕЛЬЯНОВ
Алексеевич

Анфиногенов
Кузьма
Николаевич
АЛЕКСАНДР АНДРЕЕВИЧ
ТЕРЕНТЬЕВ

ГУМ
ПОБЕДА!
9 МАЯ
9 МАЯ

Татьяна Онуфриевна
АЛЕКСЕЕНКО
КАДЫРОВ
Бурхан Кадырович
Балыков Павел Семенович
красноармеец
БЕССМЕРТНЫЙ ПОЛК
Бессмертный полк
Бессмертный Полк
БЕССМЕРТНЫЙ ПОЛК
Бессмертный-полк
БАННОВ

Katinka Meyer

Selektives Erinnern

Der Umgang mit dem Zweiten Weltkrieg in ostdeutschen Familien

»*Opa war kein Nazi*«[1], das vielbeachtete Buch von Harald Welzer, Sabine Moller und Karoline Tschuggnall, präsentierte 2002 die Ergebnisse einer Studie zur Erinnerung an den Zweiten Weltkrieg in Familien. Die Autor*innen zeichneten nach, dass im Familiengespräch zwischen der eigenen Familiengeschichte und dem Wissen um die nationalsozialistischen Verbrechen unterschieden werde. Eine Verknüpfung der Perspektiven finde nicht statt. Wenngleich die Forscher*innen auch Ostdeutsche befragten, legten sie ihren Schwerpunkt auf Familien, die in einer westdeutschen Erinnerungskultur sozialisiert worden waren. Der vorliegende Text fragt danach, mit welchen besonderen erinnerungskulturellen Bedingungen Ostdeutsche konfrontiert waren und welche Erinnerungen sich in diesem Spannungsfeld aus offizieller Erinnerungskultur und individuellem bzw. familialem Erinnern herausbildeten. Grundlage des Artikels sind Forschungen zu ostdeutschen Familienerinnerungen im Rahmen meiner Dissertation.

Die Ausführungen basieren auf der Annahme, dass Erinnerungen Rekonstruktionen vergangener Erlebnisse in der Gegenwart sind. Es handelt sich demnach um Deutungen der eigenen (Familien-)Geschichte, die bewusst oder unbewusst eine Auswahl bestimmter Erinnerungen vornehmen und dadurch eine Funktion für die Erinnernden besitzen. Diese Deutungen werden maßgeblich von den gesellschaftlichen Verhältnissen beeinflusst. Für die Betrachtung ostdeutscher Erinnerungen ist es deshalb wichtig, vorab das kulturelle Gedächtnis der DDR näher zu betrachten.

Das kulturelle Gedächtnis der DDR

Unter einem kulturellen Gedächtnis versteht man institutionalisierte und materialisierte Erinnerungen historischer Ereignisse, die entsprechend dem historischen Bezugsrahmen selektiv ausgewählt werden. So dienen Denkmäler, Jahrestage und Gedenkveranstaltungen der Pflege spezifischer Erinnerungen, die das Selbstbild einer Gruppe bzw. einer Nation vermittelt und stabilisiert.[2]

In autoritären Gesellschaften wie der DDR lässt sich indes eine Sonderform des kulturellen Gedächtnisses feststellen: ein sogenanntes okkupiertes Gedächtnis. Das okkupierte Gedächtnis in der DDR ließ nur bestimmte Erinnerungen in der Öffentlichkeit zu. Alternative Lesarten der Geschichte waren nur wenigen Personen zugänglich und damit in Nischen verwiesen.[3]

Das kulturelle Gedächtnis der DDR wurde in der Nachkriegszeit zunächst durch die Sowjetische Militäradministration (SMAD) und ab 1949 durch die Sozialistische Einheitspartei Deutschlands (SED) bestimmt. Es bezog sich inhaltlich auf die Überwindung des Nationalsozialismus und die Gründung der DDR als antifaschistischen Staat. Dementsprechend entwickelte sich eine öffentliche Erinnerungspraxis, die den kommunistischen Kampf gegen das NS-Regime ehrte und andere NS-Opfergruppen marginalisierte. Auch eine jüdische Perspektive war gegenüber dem stark überhöhten kommunistischen Widerstand im öffentlichen Gedenken kaum sichtbar. In den späten 1970er Jahren entwickelten sich aus dem kirchlichen Kontext heraus Initiativen, die den antifaschistischen Erinnerungskonsens hinterfragten. Doch auch die in den 1980er Jahren entstandenen Gedenkinitiativen für verschiedene NS-Opfergruppen blieben auf ein Nischendasein beschränkt.[4]

Nach einer im Vergleich zu Westdeutschland konsequenteren Strafverfolgung von NS-Tätern hatte sich darüber hinaus bereits in den 1950er Jahren der Fokus auf eine Skandalisierung der »Renazifizierung« westdeutscher Eliten verschoben. Eine Verantwortung für die nationalsozialistischen Verbrechen wurde durch diese Art von Erinnerungspolitik zunehmend externalisiert.

Welche Auswirkungen hatte eine solche offizielle Erinnerungskultur auf die individuellen und die Familienerinnerungen? Wie war die ostdeutsche Nachkriegsgesellschaft strukturiert?

Auswirkungen des offiziellen antifaschistischen Gedächtnisses

Die Eliten der jungen DDR setzten sich vielfach aus NS-Verfolgten zusammen, für den überwiegenden Teil der Bevölkerung traf das nicht zu. Zum Kriegsende 1945 gehörte gerade für die junge Generation die verstörende Erfahrung des Zusammenbruchs der Welt, an die sie lange geglaubt hatten, zur Realität: »Sie standen nicht nur in den Ruinenlandschaften der Nachkriegsstädte, sondern überdies auch vor den Trümmern ihrer jugendlichen Träume und ihres vielfach nationalsozialistisch getränkten Weltbildes.«[5]

Der nach dem Krieg implementierte antifaschistische Erinnerungsrahmen bot dieser Perspektive keinen Platz. Die formelhaften Erinnerungen der heroischen Taten kommunistischer Widerstandskämpfer und der Roten Armee widersprachen der vergangenen Lebenswelt vieler Menschen. Die dominante antifaschistische Erzählung wurde von Einzelnen weitergetragen, ohne sie jedoch in einen Zusammenhang zur eigenen Familiengeschichte zu bringen. Eine Reflexion über die menschenverachtende Ideologie des Nationalsozialismus und eine Auseinandersetzung hinsichtlich der Mitwirkung eigener Familienmitglieder oder deren Verwicklung in Verbrechen gegen die Menschlichkeit waren in der offiziellen Erinnerungskultur nicht angelegt.

Fortbestehen von nationalsozialistischer Ideologie

Durch den Nationalsozialismus geprägte Wertvorstellungen und Stereotype verschwanden demnach nicht einfach, sie überdauerten das kulturelle Gedächtnis »als eine Art Bodensatz«[6]. Hinter vorgehaltener Hand wurden weiterhin »Judenwitze« erzählt, in geschütztem Rahmen grüßte man sich mit dem erhobenen Arm.

Das Fortbestehen ideologischer Versatzstücke lässt sich in den von mir geführten Interviews durchaus erkennen. So wurden Begriffe, die der nationalsozialistischen Terminologie entspringen, weitergenutzt, ohne deren Herkunft zu hinterfragen. Der Kollektivsingular »der Russe« ist beispielsweise gerade in Familien, die durch die sowjetische Armee aus ihren Herkunftsgebieten vertrieben wurden, Bestandteil von Erzählungen. In den Erzählungen schwingen häufig rassistische Bedeutungsgehalte oder nationalsozialistische Narrationen vom »barbarischen Untermenschen« mit. Die skandalisierende, ablehnende Haltung gegenüber »Russen« wird darüber hinaus an die nächsten Generationen weitergegeben, wie verschiedene Studien belegen.[7]

Deutlich wird hieran, dass ein verordneter Staatsantifaschismus weniger eine demokratische Läuterung der Bevölkerung als eine Unterordnung unter die hegemoniale Deutung erforderte und bewirkte.

Familiengedächtnisse

Wie wirkte sich die antifaschistische Erinnerungskultur auf die Erinnerungen an den Zweiten Weltkrieg innerhalb von Familien aus? Welche Veränderungen der Familiengedächtnisse lassen sich im Laufe der Generationen feststellen?

Diese Fragen möchte ich im Folgenden anhand von zwei Fallbeispielen aus meiner Forschung zu den Folgen der Zwangsumsiedlung aus den ehemaligen Ostgebieten des Deutschen Reiches diskutieren.[8] Der Begriff des

Familiengedächtnisses geht auf den Soziologen Maurice Halbwachs zurück, der darunter – vergleichbar mit dem oben skizzierten kulturellen Gedächtnis – »eine Art Lehrstück«[9] versteht, das die Familienmitglieder zusammen entwickeln. Durch gemeinsame Verfertigung, Umdeutungen und Ergänzung werden die individuellen Erinnerungen der Familienmitglieder selektiv zu einem Bild zusammengestellt, das die Familie von sich hat. Erinnerungen, die diesem Bild nicht entsprechen, werden an den Rand gedrängt, verschwiegen und schließlich vergessen.

Das erste Fallbeispiel der Familie Röder zeigt ein Familiengedächtnis, das sich dem offiziellen Erinnern entgegenstellt. Es erfüllt die Funktion, eine nationalsozialistische Täterschaft zu überdecken. Das zweite Fallbeispiel der Familie Althof steht für eine Tabuisierung der eigenen Familiengeschichte sowie für das Fortwirken von verschwiegenen, traumatischen Erinnerungen.

Dem kulturellen Gedächtnis entgegen

Familie Röder profitierte vom nationalsozialistischen Regime und war in NS-Verbrechen verwickelt. Diese Erlebnisse gingen jedoch nicht in das Familiengedächtnis ein. Der Vater der Interviewpartnerin, der im Nationalsozialismus als Polizist in einem jüdischen Ghetto eingesetzt gewesen war, blieb als »herzensguter« Großvater in Erinnerung, der keiner »Fliege was zuleide tun konnte«. Diese Formen der – aus der Psychoanalyse bekannten – »Verleugnung« und »Ausblendung« von Verbrechen finden sich auch in anderen Familien, wie die eingangs erwähnte Studie *»Opa war kein Nazi«* aufgezeigt hat. Im Unterschied zu Westdeutschland wurden in der DDR jedoch keine öffentlichen Diskurse – wie zum Beispiel in westdeutschen Vertriebenenverbänden – geführt, die derartige Familienerinnerungen hätten stützen können. Vielmehr waren ostdeutsche Familienerinnerungen mit dem kulturellen Gedächtnis des kommunistischen Widerstands konfrontiert. Und innerhalb dieses Gedächtnisses fungierte die Rote Armee als Befreier vom Faschismus. Familie Röder hingegen hatte die Rote Armee als Auslöser für ihre Aussiedlung aus dem Herkunftsort in den ehemaligen Ostgebieten erlebt. Auch diese Divergenz von kultureller und Familienerinnerung motivierte sie, eine auf die Familie bezogene Gegenerinnerung auszubilden. Innerhalb dieses Familiengedächtnisses diente die Erzählung, durch die Flucht Opfer des Krieges geworden zu sein, als eine »Deckerinnerung« im Freud'schen Sinne: Die Beteiligung des Vaters an NS-Verbrechen wurde durch den Fokus auf eine Opfergeschichte überblendet. Die gemeinschaftliche Konstruktion einer Gegenerinnerung bewirkte einen hohen innerfamilialen Zusammenhalt. Auch die nachfolgende Generation wird mit diesem »Geheimwissen« sozialisiert und verleiht ihm bis heute einen hohen Stellenwert. Gerade weil die Familienerinnerungen dem kulturellen Gedächtnis entgegenstehen, erhalten sie eine besondere Macht, die es gegen ein konstruiertes Äußeres zu bewahren gilt.

Dem kulturellen Gedächtnis verborgen

Familie Althof hingegen repräsentiert eine Familie, die sich an das kulturelle Gedächtnis anpasst. Auch die Erfahrungen dieser Familie entsprachen nicht denjenigen von NS-Verfolgten. Die Aussiedlung aus dem ostbrandenburgischen Heimatdorf wurde als leidvoll erlebt: »Das hat alles weh getan, da hab ich richtige Herzschmerzen gehabt.« Die sowjetischen Zuständigen werden seither, wie oben erwähnt, als »Russen« verachtet. Dennoch entwickelte sich in dieser Familie kein oppositionelles Familiengedächtnis wie bei Familie Röder. Das lässt sich unter anderem mit dem Bestreben erklären, eine Zugehörigkeit zur DDR-Gesellschaft entwickeln und damit den sozialen Aufstieg schaffen zu wollen. Das politische Angebot auf Integration der Vertriebenen in die sozialistische Gesellschaft wurde von der Familie angenommen. Ein solches Fortkommen war darauf angewiesen, auch die erinnerungskulturellen Vorgaben zu befolgen. Und so wurden Erinnerungen der Familiengeschichte, die nicht in das kulturelle Gedächtnis passten, von der Interviewpartnerin zu DDR-Zeiten verschwiegen. Die Familiengeschichte blieb für ihre Söhne bis in die 1990er Jahre diffus und war nur über Andeutungen durch ihre Großmutter zu erahnen. Die weitgehende Tabuisierung der Zwangsaussiedlung in der DDR-Öffentlichkeit verlängerte sich so in die Familie hinein.

Transgenerationelle Erinnerungen

Doch auch eine Tabuisierung der Familiengeschichte wirkte sich auf die nachfolgenden Generationen aus. Zusätzlich zum sozialen Aufstieg ging das Schweigen über die Familiengeschichte mit einem Fortwirken der erlebten Traumata einher. Irmtraud Althof hatte im Zuge der Aussiedlung aus Ostbrandenburg wie ihre Mutter sexualisierte Gewalt erfahren. Die Traumaforschung geht davon aus, dass neben dem Akutereignis auch die auf die Traumatisierung folgenden Ereignisse und die soziale Umgebung für die Bearbeitung des Traumas ausschlaggebend sind. Da das Sprechen über sexualisierte Gewalt mit Schande und Schuld konnotiert war,[10] fehlte vielen Betroffenen die lindernde Möglichkeit, das eigene Leiden zu versprachlichen und Verständnis zu erfahren. Sie waren mit ihren Traumata auch innerhalb der Familie isoliert.[11]

So berichtet die Interviewpartnerin Irmtraud Althof: »Und ich wollte mit meinem Mann darüber keine Diskussion haben. Ich hab gedacht, dann macht er mir – ich will nich sagen, dass er dann mich verlassen hätte, aber feststeht, wenn wir im Bett gelegen hätten, hätte immer ein Russe dazwischen gelegen.«

Ein Schweigen über die leidbesetzten Erfahrungen erforderte von der Betroffenen große Willensstärke und eine Härte gegen sich selbst. Der vermeintliche Ausweg einer innerfamilialen Tabuisierung konnte die Auswirkungen einer Traumatisierung jedoch nicht aufheben. Das Fallbeispiel zeigt vielmehr, wie sich die Folgen von Traumata auch über die Generationengrenzen hinweg fortschrieben: Die Härte, die Irmtraud Althof gegen sich selbst anwendete, forderte sie auch von ihren Söhnen ein. Im Interview mit ihrem Sohn Peter Althof verdeutlicht sich das: »[…] als Kind hat man die Sehnsucht danach, dass die Eltern sich mal hinter einen stellen oder vor einen, dit is halt nich passiert, weil meine Mutter wollte immer nur der Gesellschaft gerecht werden«.

Der Sohn nimmt also eine Distanz, fehlende Loyalität ihm gegenüber und eine starke Außenorientierung der Mutter wahr. Durch Auseinandersetzungen mit ihrer Lebensgeschichte sind ihm mittlerweile die Ursachen für die fehlende emotionale und körperliche Zuwendung bekannt. Die Überwindung ihrer Folgen stellt ihn jedoch in seiner eigenen Vaterschaft noch immer vor Herausforderungen. Dem Interview mit seinem Sohn – Irmtraud Althofs Enkel – ist zu entnehmen, dass auch dieser sich vom Vater alleingelassen fühlt. Auch er beschreibt einen Vater, der von ihm mehr Härte und Willensstärke einfordert.

Das Beispiel der Familie Althof zeigt, wie wirkmächtig die traumatischen Erfahrungen des Kriegsendes bis heute für die Betroffenen, aber auch für die nachfolgenden zwei Generationen sein können. Das Erkennen der nicht erfüllten Bedürfnisse und ein Wissen um die Ursachen konnten die Macht der Erinnerungen ebenfalls nicht durchbrechen.

Wende zur Wende?

Mit dem Jahr 1989 setzten gesamtgesellschaftliche Transformationsprozesse ein, die auch die Erinnerungsrahmen fundamental veränderten. Die antifaschistische Geschichtsdeutung wurde obsolet, zur Verfügung standen nunmehr verschiedene Deutungen der Geschichte des Nationalsozialismus, des Zweiten Weltkrieges sowie der deutschen Opfer- und Täterschaft. An dieser Stelle kann mit Bezug auf meine Forschungen nur darauf hingewiesen werden, dass sich die Tradierungen innerhalb der Familien als einerseits erstaunlich stabil herausstellen und sich Narrationen über Jahrzehnte und Generationen hinweg kaum verändern. Andererseits bieten neue Erinnerungsräume die Möglichkeit, zuvor Verschwiegenes zu thematisieren. Dies kann insbesondere dann entlastend wirken, wenn leidbesetzte Anteile wie in der Familie Althof zuvor tabuisiert wurden.[12] Für jede dieser Formen der Familienerinnerung ist jedoch bezeichnend, dass die nationalsozialistische Vorgeschichte in die Betrachtung des Zweiten Weltkrieges selten integriert und in der Erzählung der eigenen

Familiengeschichte ausgeklammert oder verharmlost wird. Hierin ähneln sich ostdeutsche und westdeutsche Familienerinnerungen nach wie vor.

Fazit

Ich habe verdeutlicht, dass sich die Erinnerung an den Zweiten Weltkrieg in ostdeutschen Familien am antifaschistischen Gründungsmythos der DDR orientierte. Das kulturelle Gedächtnis der DDR war einer massiven staatlichen Kontrolle ausgesetzt, öffentliche Erinnerungspraktiken waren jahrzehntelang eingeübt und zu Formeln erstarrt. Meine Forschungsergebnisse zeigen, dass DDR-Bürger*innen verschiedene Wege fanden, mit diesen erinnerungskulturellen Vorgaben umzugehen. Zum einen konnte die Familie als Nische fungieren, in der anderslautende Erinnerungen an Krieg, nationalsozialistische Taten oder ideologische Bezüge zum Nationalsozialismus die DDR überdauern konnten. Möglich war ebenso, dass sich Familien an der offiziellen Geschichtsdeutung orientierten und die eigene, »unpassende« Familiengeschichte tabuisierten, wenn sie der DDR-Geschichtsschreibung nicht entsprach. Dass sich Erinnerungen trotz fehlender Versprachlichung tradieren konnten, zeigen Beispiele transgenerationeller Traumatisierung. So lässt sich festhalten, dass der staatliche Versuch der DDR, die Erinnerungen an den Zweiten Weltkrieg und den Nationalsozialismus zu lenken und Teile davon mittels Tabuisierung zu unterdrücken, nicht zum Verschwinden dieser Erinnerungen führte.

1 Vgl. Harald Welzer, Sabine Moller, Karoline Tschuggnall: *»Opa war kein Nazi«. Nationalsozialismus und Holocaust im Familiengedächtnis,* Frankfurt am Main 2005.

2 Vgl. Aleida Assmann, Jan Assmann: Schrift, Tradition, Kultur, in: Wolfgang Raible (Hrsg.): *Zwischen Festtag und Alltag. Zehn Beiträge zum Thema »Mündlichkeit und Schriftlichkeit«*, Tübingen 1988, S. 25–50.

3 Vgl. Sabine Moller: *Vielfache Vergangenheit. Öffentliche Erinnerungskulturen und Familienerinnerungen an die NS-Zeit in Ostdeutschland*, Tübingen 2003, S. 32.

4 Vgl. Annette Leo, Peter Reif-Spirek (Hrsg.): *Vielstimmiges Schweigen. Neue Studien zum DDR-Antifaschismus*, Berlin 2001.

5 Thomas Ahbe, Rainer Gries: Gesellschaftsgeschichte als Generationengeschichte. Theoretische und methodische Überlegungen am Beispiel der DDR, in: Annegret Schüle, Thomas Ahbe, Rainer Gries (Hrsg.): *Die DDR aus generationengeschichtlicher Perspektive. Eine Inventur*, Leipzig 2006, S. 476–571, Zit. S. 504.

6 Jürgen Danyel: Der vergangenheitspolitische Diskurs in der SBZ/DDR 1945–1989, in: Christoph Cornelißen, Roman Holec, Jiří Pešek (Hrsg.): *Diktatur – Krieg – Vertreibung. Erinnerungskulturen in Tschechien, der Slowakei und Deutschland seit 1945*, Essen 2005, S. 173–196, Zit. S. 181.

7 Vgl. Atina Grossmann: A Question of Silence. The Rape of German Women by Occupation Soldiers, in: *October* 72/1995, S. 42–63, sowie Regina Mühlhäuser: Vergewaltigungen in Deutschland 1945. Nationaler Opferdiskurs und individuelles Erinnern betroffener Frauen, in: Klaus Naumann (Hrsg.): *Nachkrieg in Deutschland*, Hamburg 2001, S. 384–408.

8 Vgl. Katinka Meyer: *Wandel ostdeutscher Familiengedächtnisse. Erinnerungen der »Vertreibung« zwischen Nationalsozialismus, Wende und Gegenwart*, Wiesbaden 2020.

9 Maurice Halbwachs: *Das Gedächtnis und seine sozialen Bedingungen*, Frankfurt am Main 1985, S. 208.

10 Vgl. Kirsten Poutrus: Ein fixiertes Trauma. Massenvergewaltigungen bei Kriegsende in Berlin, in: *Feministische Studien* 13 (2/1995), S. 120–129, hier S. 128.

11 Vgl. Gabriele Rosenthal: Sexuelle Gewalt in Kriegs- und Verfolgungszeiten. Biographische und transgenerationelle Spätfolgen bei Überlebenden der Schoa, ihren Kindern und Enkel*innen, in: Eleonore Lappin, Bernhard Schneider (Hrsg.): *Die Lebendigkeit der Geschichte. (Dis-)Kontinuitäten in Diskursen über den Nationalsozialismus*, St. Ingbert 2001, S. 195–225, hier S. 204.

12 Vgl. Katinka Meyer, Anna-Christin Ransiek: Das Gedächtnis tabuisierter Erinnerungen. Zum Wandel von Erinnerungen in der und an die DDR, in: Hanna Haag, Pamela Heß, Nina Leonhard (Hrsg.): *Volkseigenes Erinnern. Die DDR im sozialen Gedächtnis*, Wiesbaden 2017, S. 205–236.

Andreas Weigelt

Spuren, die nach uns suchen

Seit 75 Jahren ist der Zweite Weltkrieg Geschichte. Ein Drittel dieser Zeit habe ich mich mehr oder weniger intensiv mit der Landschaft meiner Kindheit auseinandergesetzt. Davon möchte ich erzählen. Ich bin achtzehn Jahre nach dem Krieg geboren.

Meine Erfahrungen mit den Spuren dieses Weltkrieges in meiner Heimatstadt Lieberose erscheinen mir sonderbar. Denn eigentlich habe ich mich nie auf die Suche nach Spuren der Geschichte begeben. Sie führten fast immer zu mir hin, wie von selbst.

Ich war vielleicht vier Jahre alt, als zu Ostern eine glänzend-bunte Postkarte auf unserem Küchentisch lag. Sie komme »aus dem Westen«, sagte mein Vater, von Onkel Otto, seinem Bruder. Meine Mutter beklagte sich darüber, dass Otto seit Jahren »von drüben« keine bunten Kleiderstoffe mehr schickte, die sie so liebte. Es kamen nur noch knapp gehaltene Grüße auf bunten Postkarten. Was »der Westen« und »drüben« waren, fragte ich nicht. Vielleicht war ich noch zu jung. Oder ich nahm an, es sei einfach ein Ort, zu dem meine Eltern nicht reisen wollten, weil er weit entfernt lag. Meine Eltern fuhren nicht gern weg. Dass zwischen Lieberose und »drüben« ein selbst bei größerem Reisewillen nicht zu überwindendes Hindernis stand, sagte mir keiner. Und so behielt »der Westen« lange Zeit etwas Unbestimmtes für mich. Er blieb aber der Ort, an dem Onkel Otto, einer von uns, lebte und wo es die bunten Stoffe gab. Als Mutter starb, fand ich in ihrem Kleiderschrank kleinere und größere bunte Stoffreste, die sie aufbewahrt hatte.

Es schien unmöglich, der Geschichte und ihren Spuren aus dem Weg zu gehen. Lange bevor ich selbst in der Lieberoser Puschkin-Oberschule die russische Sprache erlernte, stand ich einmal als Steppke bei meinem Vater am Hoftor. Er unterhielt sich mit einem Uniformierten in einer mir fremden Sprache. Das fiel mir auf, weil ich sein Gegenüber für einen deutschen Soldaten hielt.

Rasch wechselten – unter den vorsichtigen Blicken beider Männer nach rechts und nach links – eine Flasche mit durchsichtiger Flüssigkeit und eine blaue Bohrmaschine den Besitzer. Der Soldat drehte sich um und schritt mit der Flasche schnurstracks in den Wald hinein, der an unsere Straße grenzte. Ich fragte Vater, was für eine Sprache das gewesen sei. Die habe er »in Russland« gelernt. Erst später erfuhr ich, weshalb er so weit reisen musste, um sie zu lernen. Die Bohrmaschine benutze ich noch heute.

Mein Vater war auch furchtlos, als wir Kinder begannen, in den Wald gegenüber zu gehen. Wir spielten in Zelten und Bunkern sowjetischer Einheiten und machten selbst kleine Geschäfte, auch ohne die Sprache zu verstehen. Etwa ein aus dem *Magazin* gerissenes Aktfoto gegen scharfe Kalaschnikow-Patronen, Mumpeln, sagten wir. Wir lümmelten in den Feldbetten der Soldaten, wärmten uns am Kanonenofen und aßen Kascha mit dickem Brot. Die Soldaten sangen Lieder in verschiedenen Sprachen, nicht nur russische. Wenn Vorgesetzte kamen, mussten wir sofort verschwinden.

Später entdeckte ich in unserem Hauskeller eingefettete Konservendosen mit Fleisch und Fisch, auch sie eingetauscht. Kascha zu essen, lehnte Vater ab, weil da Buchweizengrütze drin sei. Die habe er »in Russland« jahrelang essen müssen. In dieser Zeit erfuhr ich, dass er dort Gefangener in einem Lager gewesen war, weil er als deutscher Soldat gegen die Sowjetunion gekämpft hatte. Noch verstand ich überhaupt nichts, da doch »die Russen« am Hoftor freundlich mit ihm sprachen und jene in den Bunkern zu uns Kindern so freigiebig waren. Mein Vater scherzte sogar mit ihnen, obwohl die ihn früher eingesperrt hatten.

Später dann, in der Schule, wurde uns alles erklärt: der Krieg, die zwei halben Deutschland, die deutschen Kriegsgefangenen, die das Sowjetland wieder aufbauen mussten, weil sie es zerstört hatten, »die Freunde«, die nun ständig hier bei uns waren, und das andauernde Krachen auf dem sowjetischen »Schießplatz« nahe Lieberose. Vor dem Hintergrund der Erzählungen meines Vaters, wegen der Konserven im Keller und meiner Abenteuer im Wald konnte ich diese Erklärungen offenbar annehmen. Anders als Gleichaltrige, die auf dem Fußballplatz oder in Hofpausen abschätzig über »die Russen« sprachen oder kicherten, wenn sie in Uniform zu irgendwelchen Jahrestagen in der Schule am Fahnenappell teilnahmen.

In den Wochen nach meiner Einschulung bastelten wir im Unterricht wie auch nachmittags Wimpelketten, Nelken aus Krepppapier, und wir klebten kleine Papierfahnen mehrerer Länder an dünne Stäbe. Im Städtchen wurden die Straßen und die Zäune repariert. Eine Buntheit breitete sich aus, die man sonst nicht kannte. Überall wurden Transparente, Fahnen und Spruchbänder in fremden Sprachen angebracht. Das Wort »Waffenbrüderschaft« konnte ich bereits lesen und glaubte es zu verstehen. An einem hellen Oktobertag stand unsere Klasse dann an der Fernverkehrsstraße, die südwärts nach Cottbus führte. Wir hielten die gebastelten Kunstnelken und die Wimpel in den Wind. Die meisten von uns alberten herum. Plötzlich rauschte eine Kolonne langer schwarzer Wagen an uns vorüber. Ein Lehrer raunte: »Ulbricht.« Dann war es auch schon vorbei und wir liefen zur Schule zurück. Ich weiß nicht, ob ich damals verstand, wer »Ulbricht« war. Fotos von ihm hingen in der Schule, aber nun war er für mich ein großes schwarzes Auto, das an mir vorbeigesaust war. Ich begriff aber, dass die »Waffenbrüderschaft« der fremden Länder jetzt dort gemeinsam schoss, wo es schon immer donnerte, auf dem Schießplatz hinter dem Wald.

Als ich vor einigen Jahren zu diesem Manöver »Waffenbrüderschaft« der Warschauer Vertragsstaaten von 1970 für das Deutsch-Russische Museum in Berlin-Karlshorst – das frühere Kapitulationsmuseum – eine Wanderausstellung vorbereitete, dachte ich oft an meine Kindheitserlebnisse und das Verhalten meines Vaters. In Diskussionen mit dem Träger der Ausstellung behandelten wir die Frage, wie die Besatzer 1990 gesehen wurden und ob es einen Unterschied zur Wahrnehmung unmittelbar nach Kriegsende gab. Mich verwunderte, dass die Ostdeutschen »die Russen« angeblich auch am Ende der DDR noch so gesehen haben sollen wie im Jahr 1945. Das erschien mir unlogisch, waren doch weder die handelnden Personen noch die Situationen dieselben gewesen. Überdies fehlte mir bei dieser Sicht der Dinge, was bis Mai 1945 zwischen den Deutschen und den Bewohnern der Sowjetunion geschehen war. Und wie die Spuren des Zweiten Weltkrieges in den Besatzern 1945 und 1990 ausgesehen hatten und wie sie nachwirkten, sowohl in ihrer Gesellschaft als auch in unserer.

Durch die Erfahrungen und die Erinnerungen meines Vaters, Jahrgang 1919, und durch jene meiner Mutter, die im Jahr vor der Machtergreifung der NSDAP zur Welt gekommen war, wurde mir bewusst, dass die Spuren dieses Krieges nicht nur in ihnen waren, sondern auch noch durch mich hindurchgingen.

Die Hamburger Wehrmachts-Ausstellung hatte wie ein Erdbeben auf die gerade erst zusammengeführten deutschen Teilstaaten gewirkt. Ich lebte damals in Berlin und war zu Besuch in Lieberose. Ich sah mit meinen Eltern einen Dokumentarfilm über die Verbrechen von Wehrmachtssoldaten im besetzten Teil der Sowjetunion. Plötzlich sagte meine Mutter: »Da braucht man sich ja nicht zu wundern, dass die Russen hier so gehaust haben.« Ehe ich fragen konnte, was sie damit meine, reagierte mein Vater: »Das waren wir nicht! Das waren die Kettenhunde. Wenn wir in die Dörfer kamen, lagen die Zivilisten schon tot da, die Häuser brannten und das Vieh lief durcheinander.«

In dieser kurzen Szene vor dem Fernseher sprach verschieden erlebte Geschichte derselben Zeit aus meinen Eltern. Früher hatte mein Vater mir lediglich von seiner fünfjährigen Kriegsgefangenschaft in der Sowjetunion erzählt. Überwiegend positiv berichtete er von den Einwohnern der ostukrainischen Stadt Stalino (heute Donezk), die ihm, dem im Lager hungernden deutschen Kriegsgefangenen, Brot geschenkt hatten. Er erzählte von mehreren Fluchtversuchen und von der deportierten Krimtatarin Sonja, in die er sich verliebt hatte und wegen der er nicht mehr nach Deutschland zurückkehren wollte. An diesem Abend sprach er das einzige Mal von seinen Erlebnissen während des Krieges. Kurz darauf starb er.

Meine Mutter erinnerte sich an diesem Abend hingegen an ihre Erlebnisse aus der frühen Nachkriegszeit. Das Gut Hollbrunn bei Lieberose, auf dem sie als Zwölfjährige lebte, wurde einige Zeit von einer Sowjeteinheit bewirtschaftet. Ihr Vater befand sich noch in französischer Gefangenschaft und ihre Mutter war mit vier Kindern allein. Abends seien Sowjetsoldaten mit Gewehren gekommen und ihre Mutter habe mitgehen müssen. Vater schwieg, er kannte diese Geschichte wohl schon. Wie gebannt hörte ich dieses mir bis dahin unbekannte Kapitel unserer Familiengeschichte und zugleich irritierte mich der Verlauf des Gesprächs. Hatte meine Mutter den Missbrauch meiner Großmutter als eine Art ausgleichender Gerechtigkeit empfunden, vor dem Hintergrund dessen, was die Dokumentation zeigte? Hatte Vater ihr nie zuvor von seinen Erlebnissen berichtet? Ich fragte meine Mutter nicht danach.

Kurze Zeit später zog ich nach Lieberose zurück und begann im Rahmen einer Arbeitsbeschaffungsmaßnahme über die Geschichte von Jamlitz zu recherchieren, zum KZ-Außenlager Lieberose und zum sowjetischen Speziallager Jamlitz. Es klopfte eines Tages an der Tür meines Büros im Schloss Lieberose und eine neue historische Spur in Gestalt der Franziskaner-Nonne Monika Maria führte zu mir hin. Schwester Monika, deren früherer Name Gabriele Fleischer lautete, war die Tochter jenes Mannes, der das Gut Hollbrunn bis 1945 gepachtet hatte, auf dem meine Großeltern angestellt waren.

Eine erste Spur aus der Lebensgeschichte Schwester Monikas hatte mich bereits 1988 erreicht. Als Student an der Humboldt-Universität räumte ich im Rahmen des FDJ-Studentensommers mit Kommilitonen der Theologie den verwilderten jüdischen Friedhof der orthodoxen Gemeinde Adass Jisroel in Berlin-Weißensee auf. Davon muss ich meiner Mutter erzählt haben. Sie berichtete mir damals nicht nur von den wenigen jüdischen Einwohnern in Lieberose. Ich notierte auch das Folgende in meinem Tagebuch: »Im Frühjahr/Sommer 1944 kam eine Gruppe jüdischer Frauen in KZ-Kleidung durch Lieberose (woher? wohin?), die in der Scheune am Apfel-Weg übernachteten. 2 jüdische Frauen haben bei meiner Oma in der Waschküche zum Wald hin gebadet und sollen gesagt haben: ›Wir haben es bald hinter uns, aber euch steht noch alles bevor.‹«

Im Februar 1945 waren jüdische Frauen aus dem Außenlager Schlesiersee II des KZ Groß Rosen auf einen Todesmarsch quer durch Deutschland zum KZ Bergen-Belsen getrieben worden. Sie hatten auf Gut Hollbrunn gerastet. Gabriele und ihr Vater retteten zwei jugoslawische Jüdinnen, die Deutsch sprachen. Meine Großmutter musste sie nachts heimlich waschen und einkleiden. Sie überlebten das Kriegsende mit gefälschter Identität. Darauf bezog sich die Erinnerung meiner Mutter, die ich in mein Tagebuch schrieb. Doch erst in dem Moment, da mir Schwester Monika die Geschichte vollständig erzählte, ahnte ich, welchen Ernst meine Mutter – selbst noch ein Kind – erlebt und welche Prophezeiung jener Satz der geretteten Jüdin für sie bedeutet haben musste. Ich interviewte Schwester Monika und fand im kriegszerstörten Serbien Angehörige einer der geretteten Frauen und in New York eine Überlebende des Todesmarsches. Gemeinsam begingen wir 2002, kurz nach dem Tod meiner Mutter, im Rathaus Lieberose die Ehrung Schwester Monikas und ihres Vaters mit dem Titel »Gerechte unter den Völkern« durch den Staat Israel.

Etwas, das eine Spur zu mir bis ins Heute legte, ereignete sich kurz vor dem Ende des ersten Schuljahrs. Da hörten wir irgendwie offiziell oder doch eher am Gartenzaun – das weiß ich nicht mehr – die Nachricht: Im Wald bei Jamlitz seien Leichen gefunden worden. Meine erste Erinnerung dazu ist der Ausspruch meiner Mutter: »Ja, gleich nach dem Krieg, da wurden hier die Jungs alle verhaftet.« Hatte es nicht geheißen, die Toten seien ausländische Häftlinge des Nazi-KZ in Jamlitz gewesen? Irrte sich meine Mutter vielleicht lediglich in der Zeit? Ich prägte mir ihren Satz ein. Doch erst nachdem ich Mitte der neunziger Jahre mit den Forschungen zu beiden Lagern in Jamlitz begonnen hatte, konnte ich verstehen, woran meine Mutter wohl unwillkürlich gedacht hatte, als sie von den Leichen bei Jamlitz hörte. An ihre 1945 verhafteten und nicht zurückgekehrten Mitschüler, die wegen des Vorwurfs, als Hitlerjungen für den »Werwolf« – eine Art Partisanenarmee gegen die Rote Armee – ausgebildet worden zu sein, von der sowjetischen Besatzungsmacht in Lagern wie Jamlitz inhaftiert wurden. Darunter waren auch Nachbarn meiner Mutter vom Gut Hollbrunn.

Nach meinen ersten Sommerferien fand dann in Lieberose neben dem Friedhof auf dem Galgenberg eine große Zeremonie statt. Die Stadt war von Zivilisten und deutschen wie sowjetischen Soldaten gefüllt. Unsere Klasse marschierte von der Schule aus am Marktplatz vorbei zum Galgenberg, das hatten wir vorher geübt. Dort wurden wir von Lehrern in gleichmäßigen Abständen entlang des Wegs bis hoch auf den Hügel postiert. Jeder erhielt eine echte rote Nelke. Dann warteten wir. Mir war es unangenehm, dass meine Mitschüler Witze rissen und nicht stillstehen konnten. Woher die ernste Feierlichkeit in mir kam, kann ich nicht erklären. Ein Militärorchester kam näher, Soldaten marschierten auf den Galgenberg und stellten sich auf. Dann folgten lange Reihen von Gästen mit Kränzen und Blumen. Schließlich wurde von vier Soldaten sehr langsam ein Gestell an uns vorbeigetragen, in dessen Mitte eine große Metalldose befestigt war, drum herum Blumenschmuck. Alle sahen zu dieser Dose hin. Darin, so sagte man uns, sei die Asche der Ermordeten des KZ-Außenlagers Lieberose, deren Leichen man bei Jamlitz gefunden hatte. Habe ich die Reden gehört und verstanden? Ich habe keine Erinnerung daran. Vermutlich hörte ich aber an diesem Tag zum ersten Mal das Wort »Opfer des Faschismus«. Die Zeremonie ist unvergessen. Etwas noch nie Empfundenes wühlte mich auf, jenseits alles Politischen, das da zelebriert wurde und das ich damals noch nicht verstehen und beurteilen konnte.

Mit diesem einen Ereignis gelangten die beiden Lager in Jamlitz zum ersten Mal in mein Leben. Nicht ich hatte nach ihnen gesucht, sondern sie waren einfach da, mit der Urne und mit der Erinnerung meiner Mutter, wenn auch noch unverarbeitet.

Zum Abitur Anfang der achtziger Jahre wohnte ich in der Kreisstadt Beeskow in einem Internat. Montags nahm ich den Frühbus von Lieberose Markt. Gleich hinter dem Busfahrer saß ein Mann aus Jamlitz, der eine höhere Funktion in der SED-Kreisleitung hatte. Direkt hinter ihn setzte sich stets ein jüngerer Mann aus Lieberose. Er arbeitete im Spanplattenwerk Beeskow. Während der Fahrt schimpfte er ununterbrochen und laut über die Partei und den Staat. Der Mann aus der SED-Kreisleitung reagierte nicht. Es war skurril und ereignete sich immer wieder, wenn ich mit diesem Bus fuhr. Als ich zu Hause von dem schimpfenden Mann erzählte, sagte meine Mutter, sein Vater habe zusammen mit anderen nach dem Krieg gewildert. Sie seien abgeholt worden, und einige seien nicht zurückgekehrt, andere erst nach Jahren. Wieder eine Spur, von der ich damals nicht ahnen konnte, dass ich ihr ohne mein Zutun erneut begegnen würde.

Vor einigen Jahren wurde ich von der Stiftung Naturlandschaften Brandenburg gebeten, historische Quellen zum 1992 stillgelegten Truppenübungsplatz Lieberose zusammenzutragen. Dabei stieß ich auch auf zwei Todesurteile eines sowjetischen Militärtribunals aus dem Jahr 1951, die sich auf die Militärgeschichte von Lieberose während des Kalten Krieges bezogen. Das eine Urteil betraf einen ehemaligen Wehrmachtsangehörigen, der auf diesem Truppenübungsplatz für den amerikanischen Geheimdienst Militärspionage betrieben haben soll. Zusätzlich hatte er auch, gemeinsam mit dem Vater des jungen Mannes aus dem Bus, gewildert, woran sich meine Mutter erinnerte. Er war der zweite in Moskau Hingerichtete aus Lieberose. Bei meinen Recherchen fand ich Hinweise darauf, dass ein anderer Bruder meines Vaters, damals Volkspolizist, an der Verhaftung des ehemaligen Wehrmachtsangehörigen und seiner Gruppe beteiligt gewesen war.

Im letzten Jahr wurde in Lieberose eine Ausstellung zur slawisch-deutschen Geschichte des Städtchens eröffnet. Ich hatte einige Jahre für diese Ausstellung recherchiert. Gleich neben unserer Landkirche, errichtet als wendische Kirche, stehen noch heute die mittelalterlichen Umfassungsmauern der Stadtkirche, einst die deutsche Kirche. Eine sowjetische Fliegerbombe machte aus ihr 1945 eine Ruine, deren Zustand für mich seit der Kindheit zum normalen Stadtbild gehört. Ich war noch sehr klein und saß bei den Einkaufsfahrten meiner Mutter im geflochtenen Kinderkorb am Lenker ihres Rads, während ich mich stets langweilte, wenn sie mit Bekannten ins Gespräch kam. Ich horchte aber einmal plötzlich auf, als die Rede auf eine dritte Person kam. Denn über jene mir unbekannte Frau sagte die Gesprächspartnerin meiner Mutter verächtlich: »Ach, das is ja ne Wendsche!« und machte eine abweisende Geste mit der Hand. Ich wusste damals nicht, was überhaupt ein Wende ist, und ebenso wenig, wer es in Lieberose war oder nicht war.

Erst durch meine Arbeit an dieser Ausstellung habe ich verstanden, dass auch viele meiner Vorfahren Sorben gewesen sind …

Spuren über Spuren zu mir hin. Nur einige ließen sich auf diesen wenigen Seiten verfolgen. Manch andere werde ich wohl erst später oder vielleicht auch nie als solche erkennen.

WALDLAGERFUNDE

Ein Fernglas, eine Filmrolle, eine Mundharmonika, ein Wehrmachtskoppelschloss mit einem nachträglich eingeritzten Stern: Noch heute – 75 Jahre nach dem Ende des Zweiten Weltkrieges – finden Archäologen Hinterlassenschaften der Roten Armee aus dem Jahr 1945.

In vielen Wäldern rund um Berlin entstanden sogenannte Waldlager. Die militärisch exakt angelegten Blockhäuser – »semljanka« – dienten Tausenden Rotarmisten als Unterkunft für eine begrenzte Zeit.

Die Waldlagerfunde zeugen heute vom kaum bekannten Alltag der Rotarmisten in Brandenburg. Sie sind zugleich Zeugnisse der Aneignung des Vorhandenen und der Überwindung des Feindes.

Brandenburgisches Landesamt für Denkmalpflege
und Archäologisches Landesmuseum 2019

SU

Im Gespräch mit Thomas Kersting

Krieg und Terror stecken im Boden

Zeitgeschichte als Thema der Archäologie

Herr Kersting, die archäologische Denkmalpflege in Brandenburg und Berlin befasst sich mit einer Vielzahl an unterschiedlichsten Bodendenkmalen. Welche Bedeutung hat dabei das 20. Jahrhundert?

Die Brandenburger Landesarchäologie arbeitet heute im Zentrum des ehemaligen NS-Systems. In der Hauptstadt und ihrem Umkreis konzentrierten sich alle Arten von militärischen Einrichtungen und Zwangslagern. Nicht zu vergessen sind auch die Überreste des Krieges und der Zeit unmittelbar danach. Daher haben wir eine besondere Verantwortung für diese Denkmale.

Im heutigen Brandenburg existierten zwei große Konzentrationslager, Sachsenhausen und Ravensbrück. Dazu gehörten über 100 Außenlager. Sie wurden in der DDR seit 1959 bzw. 1961 als nationale Mahn- und Gedenkstätten der Öffentlichkeit zugänglich gemacht. Nach 1990 sind hier jeweils größere Untersuchungs- und Restaurierungsprojekte durchgeführt worden, zunehmend auch mit Methoden und Fragestellungen der Archäologie. Noch vor etwa 20 Jahren spielte diese Disziplin bei der Erforschung von Hinterlassenschaften der NS-Zeit fast keine Rolle, mittlerweile aber ist sie integraler Bestandteil der Forschung.

Was unterscheidet die archäologische Denkmalpflege von der herkömmlichen Zeitgeschichtsforschung?

Eine analytische Zusammenschau des durch die archäologische Forschung Erreichten wird erst jetzt in Angriff genommen. Was uns von der Forschung anhand von Text- und Bildnachlässen und Zeitzeugengesprächen unterscheidet, ist die Frage der Auswahl der Objekte. Die Denkmalpflege kann sich nur mit Dingen befassen, die Denkmalwert haben, also auf real existierenden Funden und Spuren basieren. Wir müssen mit realen Befunden die Vergangenheit verstehen und vermitteln lernen.

Das kannn man auch in der aktuellen Ausstellung, »Ausgeschlossen – Archäologie der NS-Zwangslager«, nachvollziehen, die seit Mai in Berlin-Schöneweide und 2021 in unserem Landesmuseum im Paulikoster gezeigt wird.

Und die Archäologie liefert neue oder sichere Erkenntnisse?

In vielen Fällen konnte die Archäologie valide Ergebnisse zu theoretischen Überlegungen oder lückenhaften Überlieferungen liefern. Ich möchte das an einem Beispiel erläutern: Dokumentationen aller Änderungen, Erweiterungen und Neubauten, die an Konzentrationslagern in der NS-Zeit vorgenommen wurden, existierten kaum. Viele Papiere wurden von den Tätern in letzter Minute vernichtet und stehen als Quellen nicht zur Verfügung. Auch die Alliierten haben Beweismaterial sichergestellt, das der zeitgeschichtlichen Forschung bis heute nicht komplett zugänglich ist. Die Betriebsarchive der beteiligten Konzerne sind nur selten für die Forschung geöffnet. Auch die mündlichen Aussagen der Zeitzeug*innen sind nur ein kleiner und subjektiver Teil der Gesamtgeschichte. Der archäologische Befund muss also eigenständig sprechen und die Lücken füllen.

Das Brandenburgische Denkmalschutzgesetz von 1991, das erste in den neuen Bundesländern, kennt keine zeitliche Begrenzung der Denkmale und ermöglicht somit, alle zur Kenntnis gelangenden Lagerstandorte als Bodendenkmale auszuweisen. Das bietet der Forschung vielfältige neue Perspektiven. In Zusammenarbeit mit unterschiedlichen Forschungseinrichtungen können wir angesichts der Vielfalt dieser Denkmalgattung, deren Erforschung noch am Anfang steht, das ganze Potenzial des historischen und archäologischen Methodenspektrums nutzen, um die vielen komplizierten Aspekte des nationalsozialistischen »Lagersystems« zu erhellen. Diese sollen dann in den Gedenkstätten der Öffentlichkeit präsentiert und pädagogisch vermittelt werden.

Ist das keine Überforderung der Denkmalpflege, die ja eigentlich erfassen und bewahren soll? Wie gelingt es, eine möglichst objektive Geschichtsdeutung zu erreichen?

Orte des Unrechts sind als archäologische Untersuchungsobjekte nie »neutral«, sie sind mit Leidensgeschichte aufgeladen und bergen Konfliktpotenzial durch die Einbindung verschiedener Interessengruppen. Neben der Denkmalpflege sind es die Träger der Gedenkstätten selbst, Eigentümer von historisch bedeutsamen Flächen, Investoren oder gesellschaftliche Gruppen wie zum Beispiel Opfer- bzw. Hinterbliebenenvereine, die an der Untersuchung und der Bewertung eines Fundes mitwirken. Für die Landesdenkmalämter spielt der »politische Charakter« solcher Fundorte der jüngsten Geschichte eine wesentliche Rolle, hier ist Sensibilität gefordert. Gerade der Charakter als »Opferort« macht die Unterschutzstellung meist einfacher. Niemand widerspricht, um nicht Beifall von der »falschen« Seite zu bekommen. Im Gegenteil: Häufig nutzen heutzutage in Berlin und Brandenburg kommunale Verantwortungsträger die Möglichkeit, sich »gegen Rechts« zu positionieren, und begrüßen die Ausweisung von Lagerstandorten als Bodendenkmal und Erinnerungsort.

*Dann sind Archäolog*innen Historiker*innen mit anderen Mitteln?*

Genauso muss man das ausdrücken. Die »anderen Mittel« sind die materiellen Überreste der Geschichte, also die Fundstücke und die konkreten Orte im Gelände. In der Tat erfolgt die Erforschung der Hinterlassenschaften von Krieg und Terror in enger Zusammenarbeit mit den Universitäten in Berlin und Wien, auch um den eigenen Kompetenzerwerb der Landesämter abzusichern. Richtig ist aber auch: Keine der heute im universitären Rahmen tätigen Archäolog*innen haben in ihrem Studium jemals etwas von der zeitgeschichtlichen Archäologie gehört – sie ist ein neues Fach.

Fachlich gehört heute zu unseren Aufgaben die systematische Erfassung der Lagerstandorte durch Auswertung der betreffenden Standardwerke der Historiker, durch die Bewertung historischer Quellen, durch das (Auf)Suchen im Gelände und/oder durch die Lokalisierung mithilfe historischer Luftbilder und digitaler Geländemodelle. Dieser Dreiklang des forschenden Bewertens – aus »Erfassen, Erforschen, Erhalten« – zielt auf die Eintragung eines Ortes oder eines Objektes als Bodendenkmal in die Landesdenkmalliste ab. Sie ermöglicht uns, die dauerhafte Erhaltung sicherzustellen. Gleichrangiges Ziel ist dabei auch immer »Erzählen«: die Vermittlung und die Musealisierung – entweder am originalen Ort, in Museen oder in den Gedenkstätten.

Und wann werden Sie tätig? Aufgrund eigener Forschungen?

In seltenen Fällen passiert auch das. Aber die meisten Anlässe für unsere reagierende Tätigkeit kommen in der Regel von außen: Bauplanungen an Standorten ehemaliger Lager werden uns oft erst bei Realisierung bekannt; der Wandel der musealen Konzeption von Gedenkstätten »erfordert« neue Gestaltungen, oft mit Bodeneingriffen; Raubgrabungen erfolgen an bestimmten Täterorten, zum Beispiel auf dem ehemaligen Landsitz von Hermann Göring in der Schorfheide, sie hinterlassen Löcher im Boden und in der Geschichte; forensische Sachverhaltsaufklärungen an NS-Tatorten sind erforderlich; Nachsuch-Genehmigungen nach kriegsbedingten Einlagerungen von privater Seite werden beantragt; Universitäten und lokale Initiativen wollen forschen und graben, und vieles mehr. Schon die Absicht, lediglich Informationstafeln aufzustellen, kann dokumentationspflichtige Bodeneingriffe mit sich bringen. Und schließlich ist die Landesdenkmalliste selbst eine ständige systematische Inventarisierungsaufgabe der Denkmalpflege.

Ist die Bewertung von Denkmalen schwerer, wenn ihre Bedeutung zeithistorisch so nahe liegt?

Materielle Reste sind immer unmittelbar mit Menschen und ihren Schicksalen verknüpft – dies gilt nicht nur für die hier betrachtete Phase des 20. Jahrhunderts. Für diese Zeit allerdings kennt man eben den historischen Unrechts-Kontext ganz genau. Die Bodendenkmalstrukturen sind quasi mit »Schicksal und Geschichte aufgeladen«, was sich im Charakter sowohl des Fundmaterials als auch der Befundstrukturen des Bodendenkmals zeigt, bis hin zu dem Umstand, dass Funde Beweisstücke und Befunde Tatorte sein können.

Diese Konstellation bewirkt – anders als bei herkömmlichen Bodendenkmalen –, dass sich das Interesse der Öffentlichkeit oft früh (manchmal auch zu früh) in Richtung »Schaffung eines Gedenkortes« bewegt, weil die vermeintliche »Authentizität« des Ortes Beglaubigung und Ansatzpunkte liefert. Die Funde selber sind in einem bisher für die Archäologie unbekannten Ausmaß »auratisch und emotionalisierend«. Bodenfunde aus dem 20. Jahrhundert sind Individuen und Einzelschicksalen zuweisbar, in vielen Fällen der jüngeren Vergangenheit sogar bis hin zur »Entschädigungsrelevanz«. Mit dem Aussterben der Zeitzeugengeneration wird dieser Effekt allerdings in Zukunft – leider – entfallen. Wir hätten einfach noch früher anfangen müssen. Aber die Funktion der Archäologie als Beweissicherungs- und Beglaubigungsinstanz wird dadurch natürlich umso wichtiger.

Sie bedauern also, dass die »Zeit alle Wunden heilt«, wie es umgangssprachlich heißt?

Keineswegs, und sie heilt sie auch nicht. Die Erinnerung muss wachgehalten werden, und daran sind wir beteiligt. Wir sehen heute, wie unreflektiert auf historische Narrative – auch aus jüngerer Vergangenheit – Bezug genommen wird. Daher müssen und können wir noch viel lernen. Das Thema war in den 1990er Jahren ganz neu für uns, seitdem lernen wir dazu.

Wir unterscheiden inzwischen mehrere »Lernphasen«: In einer chaotischen »prä-administrativen Initialphase«, als sich der Rauch – und Rausch – der Wende langsam verzogen hatte und die denkmalpflegerischen Belange im Land noch nicht so recht sortiert waren, wurden beispielsweise in Falkensee bei Berlin auf dem Gelände eines ehemaligen Außenlagers des KZ Sachsenhausen undokumentierte Freilegungen und Pflegemaßnahmen vorgenommen. Dies geschah 1992/93 in bester Absicht durch eine lokale Initiative im Rahmen eines der vielen ABM-Projekte. Die Einrichtung einer Gedenkstätte war schon zu DDR-Zeiten erfolgt. Im dortigen Museum werden heute bemerkenswerte Funde aus diesen Freilegungen aufbewahrt.

Ebenfalls zu Beginn der 1990er Jahre startete in den Mahn- und Gedenkstätten Sachsenhausen und Ravensbrück ein Prozess, den man als »Ideologie-Wandel des Gedenkens« bezeichnen kann. In dieser »Orientierungsphase« ab etwa 1995 ging es vor allem darum, dass die Landesarchäologie ihre Zuständigkeit erkannte und einforderte. Gedenkstätten befürchteten damals – und für manche gilt das nach wie vor – Auflagen, Behinderungen und Verzögerungen. Die Standorte der Konzentrationslager sahen sich einer Umfunktionierung, einer Überprägung und einer Umgestaltung ausgesetzt, die bis heute anhalten. Meist sind diese eher kleinformatig, weil Leitungen erneuert, Wege und Flächen gestaltet und befestigt werden müssen oder Neubauten entstehen. So wurde am geplanten Standort des Speziallagermuseums in Sachsenhausen eine umfangreiche Müllgrube entdeckt, deren Inhalt in einem gemeinsamen Projekt der Gedenkstätte, des Landesamtes und der Universität zunächst einmal sichergestellt wurde, um erst später gesiebt und noch viel später ausgewertet zu werden.

Als 2001 im Gebiet des Kriegsgefangenenlagers Stalag IIIB bei Eisenhüttenstadt für ein geplantes Gewerbegebiet eine Baufeldberäumung mit Kenntnis des Fachamtes vorgenommen werden sollte, reagierte dieses immerhin mit der Forderung nach archäologischer Dokumentation. Hier begann eine dritte Phase, in der die Hinzuziehung der Bodendenkmalpflege selbstverständlich wurde. Die repräsentative Erforschung vor dem Abriss erbrachte eine breite Palette von Befunden, die alles abdeckt, was man in derlei Lagern finden kann. Dass diese Befunde hier schon relativ früh repräsentativ untersucht, erkannt und interpretiert werden konnten, erschloss sich erst nach und nach in der archäologischen Fachwelt. Durch die fast komplette Beräumung ergab sich die Möglichkeit, mittels kleinflächiger, gezielt repräsentativer Schwerpunktuntersuchungen eine große Anzahl der Lagereinrichtungen zu dokumentieren, wofür ein mutiger, entscheidungsfreudiger Zugriff bei gleichzeitiger hoher Kompetenz der Ausführenden ausschlaggebend war. Gebaut wurde auf dem Areal allerdings bis heute praktisch nichts.

Bis in die Gegenwart schließt sich eine »Konsolidierungsphase« an. Kleinere Gedenkorte, die weniger im

Fokus der Öffentlichkeit stehen, wurden häufiger Ziel von sogenannten Verursachergrabungen. Dort fanden und finden wohl aus Unkenntnis und Unterschätzung der denkmalpflegerischen Sachlage häufig kommerzielle Planungen statt. Bei den Untersuchungen im ehemaligen KZ-Außenlager Rathenow ließ sich der Antagonismus »Öffentliches Interesse kontra Interesse der Öffentlichkeit« sehr gut beobachten. Die Dokumentation durch das Fachamt im Jahr 2001 markiert den Eintritt in diese Konsolidierungsphase. Auf dem Gelände eines Neubaus konnte ein Teil des Lagers 2001 und 2004 dokumentiert werden. Die öffentliche Aufmerksamkeit und das lokale Interesse bewirkten ein Umdenken auch im Umgang mit dem Ort. So entwickelte sich aus dem Projekt heraus eine Ausstellung, die in der Gedenkstätte Sachsenhausen und in der kommunalen Galerie in Rathenow gezeigt wurde, bei der erstmals die starke emotionale Aura der Funde ihre Wirkung entfaltete.

Viele Gedenkorte im Land Brandenburg sind durch bürgerschaftliches Engagement entdeckt und auch erforscht worden. Welchen Anteil haben diese Initiativen an Ihrer Arbeit?

Aus einem »Paralleluniversum« interessierter, aber nicht umfassend informierter Amateure können manchmal wohlgemeinte Aktivitäten in eine geordnete Entwicklung unter Beteiligung der Fachämter überführt werden.

Ein Beispiel dafür ist das Lager Sebaldushof der Muna-Werke bei Treuenbrietzen. In diesem ehemaligen Munitionswerk wurden von 1942 bis zur Befreiung 1945 viele Zwangsarbeiter eingesetzt. Am Ort des Lagers Sebaldushof wurde im Wald von mehreren Schülergenerationen einer preisgekrönten Geschichtswerkstatt ein Rundgang eingerichtet, man brachte Informationstafeln an und stellte eine kontinuierliche Pflege des Bodendenkmals sicher. Bei den Aktionen waren auch kleine Metallplättchen mit Namen, Adressen, Geburts- und weiteren Daten unter anderem der Zwangsarbeiter gefunden worden. Durch das Engagement ehrenamtlicher Helfer in letzter Zeit liegen mittlerweile fast 1.000 Stück der sogenannten Adrema-Tafeln vor. Diese analogen Datenspeicher der Verwaltung stellen eine einzigartige Quelle dar.

Herr Kersting, eine letzte Frage haben wir noch. Die Leser und Leserinnen finden in diesem Band eine Bilderserie des Potsdamer Fotografen Frank Gaudlitz. Sie trägt den Titel »Waldlagerfunde«. Was hat es damit auf sich?

Die Bilder spiegeln meines Erachtens die Besonderheit der Funde sehr gut wider. Nun ist die Denkmalpflege in der Lage, eigene Forschungsinitiativen zu ergreifen.

Die Erforschung der sogenannten Waldlager der Roten Armee in den Wäldern rund um Berlin ist dem Umstand geschuldet, dass vor fünf Jahren das 70. Jubiläum des Kriegsendes nahte. Forschung und Öffentlichkeitsarbeit gingen hier Hand in Hand. Als wir 2014 das Thema erkannten – ein Verdienst der Ehrenamtler, die uns darauf aufmerksam gemacht hatten –, war klar, dass hier ein großes öffentliches Interesse vorhanden sein würde. In diesen Lagern, die offensichtlich angelegt wurden, um Massen an Soldaten unterbringen zu können, beschäftigten sich die Bewohner unter anderem damit, erbeutete deutsche Wehrmachtskoppelschlösser durch Abschleifen zu entnazifizieren und sie mit ihrem Siegeszeichen, dem Sowjetstern, zu überprägen. Heute zeigen uns diese »Waldlagerfunde«, wie differenziert Geschichte zu bewerten und zu erzählen ist. Wir wissen nun dank der Archäologie, dass sich in diesen Lagern auch »displaced persons« – in sowjetischer Diktion »Repatrianten« – befanden: also befreite Zwangsarbeiter und Kriegsgefangene, die sich zu Tausenden auf den Weg nach Osten, nach Hause, gemacht hatten und hinter der Elbe gleich von ihren Kameraden der Roten Armee erfasst und eingegliedert wurden – und die in der Sowjetunion keinem leichten Schicksal entgegensahen.

Vielen Dank, Herr Kersting.

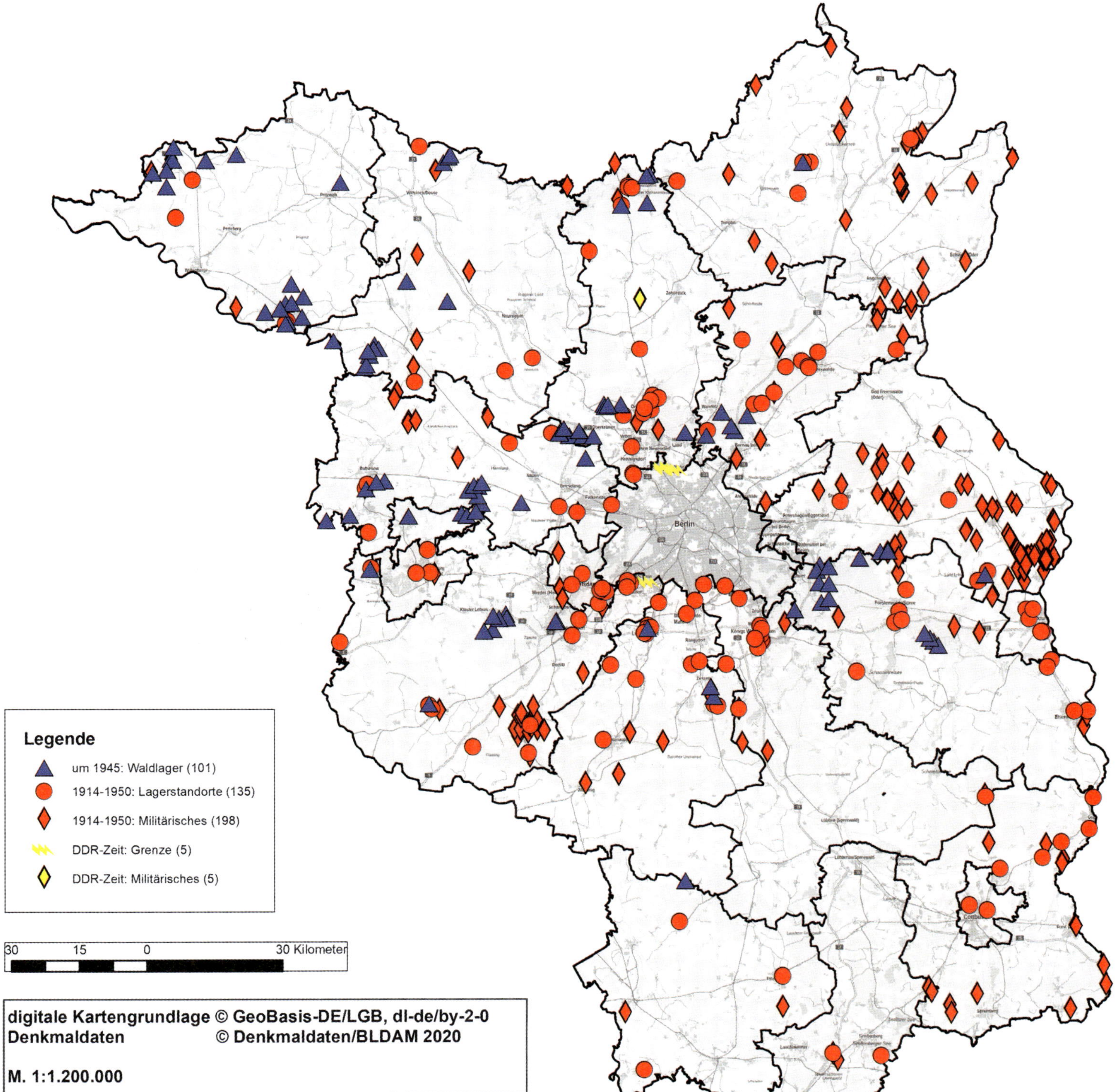

Legende
um 1945: Waldlager (101)
1914-1950: Lagerstandorte (135)
1914-1950: Militärisches (198)
DDR-Zeit: Grenze (5)
DDR-Zeit: Militärisches (5)
30 15 0 30 Kilometer
digitale Kartengrundlage © GeoBasis-DE/LGB, dl-de/by-2-0
Denkmaldaten © Denkmaldaten/BLDAM 2020
M. 1:1.200.000
Berlin

Andreas Röhring

Brandenburg zwischen militärischen Altlasten und Friedensdividende

Von der Abrüstung zur Konversion

Mit dem Militär ist die Stadt- und Regionalentwicklung in Brandenburg, dem ehemaligen Kernland Preußens, räumlich, wirtschaftlich und sozial eng verflochten. Die Militärstandorte sind im Wesentlichen in drei Zeiträumen entstanden: von 1880 bis zum Ersten Weltkrieg, von der Wiederaufrüstung nach 1933 bis zum Zweiten Weltkrieg sowie seit den 1950er Jahren. Nach 1945 wurden die Militärstandorte der Wehrmacht von der Sowjetarmee besetzt – und größtenteils bis zu ihrem Abzug genutzt. Die 1956 gegründete Nationale Volksarmee (NVA) übernahm einige dieser Objekte, stationierte aber einen großen Teil ihrer Truppen an neuen Standorten.

Keine Region Europas hatte – bemessen an der Fläche – einen größeren Anteil an Militärflächen als Brandenburg. Mit der Auflösung der NVA im Jahr 1990 sowie dem Abzug der sowjetischen bzw. dann russischen Streitkräfte bis 1994 wurden in Brandenburg ca. 150.000 Hektar militärisch genutzter Flächen zur Konversion – das heißt zur Umwandlung in eine zivile Nutzung – freigegeben. Das entsprach fünf Prozent der Landesfläche, die zum größten Teil ins Eigentum der Bundesrepublik Deutschland übergingen.

Der Brandenburger Landtag erkannte die Bedeutung der Konversion für das Land und beschloss bereits im Jahr 1992 entsprechende Leitlinien. Darin wird die

Konversion »als hochrangige landespolitische Gestaltungsaufgabe« bezeichnet, die »demokratisch kontrolliert, sozialverträglich, ökologisch, [...] eigenständige Regionalentwicklung fördernd und in gerechtem Ausgleich der Interessen gestaltet werden« soll. Nach dem Abzug der russischen Streitkräfte übernahm Brandenburg etwa zwei Drittel der Flächen vom Bund. Es sollten der Bedarf an Wohnraum gedeckt, Investitionen angeregt, Arbeitsplätze geschaffen und erhalten, die kommunale und regionale Entwicklung gefördert sowie Naturschutzflächen geschaffen werden. Zur Verwaltung und Verwertung der Liegenschaften wurde eigens eine Gesellschaft des Landes, die Brandenburgische Boden Gesellschaft (BBG), gegründet.

Die Bundeswehrstrukturreform stellte die betroffenen Gemeinden zu Beginn der 2000er Jahre vor neue Herausforderungen. Mit der Aufgabe von Bundeswehrstandorten, die inzwischen zu Wirtschaftsfaktoren für Städte und Regionen geworden waren, drohte auch der Wegfall scheinbar sicherer Arbeitsplätze.

Konversionsakteure und Netzwerke

Die Herausforderung, Militärflächen dieser Größenordnung in eine zivile Nutzung zu überführen, wurde schnell als Jahrhunderaufgabe erkannt. Insbesondere der langjährige Leiter des Konversionsreferates in der Staatskanzlei und später im Wirtschaftsministerium des Landes Brandenburg tätige Roland Vogt forderte, die Konversion in Brandenburg sowohl auf Landesebene als auch auf kommunaler Ebene zur »Chefsache« zu erheben. Wie Vogt sah auch Dr. Helmut Domke, Bevollmächtigter des Ministerpräsidenten für Fragen des Abzugs der sowjetischen/russischen Streitkräfte und für Konversion, die Chance zur Vollendung der Abrüstung und zur Erzielung einer Friedensdividende, die nur durch das Zusammenwirken politischer, ökonomischer, kommunaler und zivilgesellschaftlicher Akteure gesichert werden konnte. Vogt und Domke waren vor der Wiedervereinigung lange Jahre in der west- bzw. ostdeutschen Friedensarbeit aktiv.

Die intensive Auseinandersetzung mit der Jahrhundertaufgabe Konversion mündete 1997 in die Gründung des Forums für Konversion und Stadtentwicklung im Land Brandenburg (FOKUS), das dem fachlichen Austausch und der Artikulierung kommunaler Interessen dient. Gemeinsame Herausforderungen haben zu einer neuen Form der Zusammenarbeit zwischen den Akteuren und den Flächeneigentümern Land und Bund geführt. Eine wesentliche Aktivität des FOKUS-Netzwerks sind die »Konversionssommer«, die seit 1998 landesweit stattfinden. Das Netzwerk lädt zu Fachveranstaltungen, auf denen aktuelle Problemstellungen und Ergebnisse der Arbeit thematisiert werden, aber auch zu öffentlichen Veranstaltungen, die auf eine Vermittlung von Herausforderungen und Erfolgen der Konversion gerichtet sind. Vor allem die Besichtigung von Konversionsobjekten findet in der Bevölkerung ein breites Interesse.

Alte Kasernen für neues Leben

Unter diesem Motto beteiligten sich die sieben Mitglieder der Arbeitsgemeinschaft »Städtekranz« – Brandenburg an der Havel, Cottbus, Eberswalde, Frankfurt (Oder), Jüterbog, Luckenwalde und Neuruppin – an der Weltausstellung EXPO 2000. Als historische Garnisonsstädte thematisierten sie die Bedeutung der Konversion für eine nachhaltige Stadtentwicklung. Auch Städte wie Fürstenberg/Havel, Fürstenwalde/Spree, Lübben, Perleberg, Potsdam, Prenzlau und Rathenow waren Garnisonsstädte, in denen oft ganze Stadtteile der zivilen Nutzung entzogen waren. Durch die Erschließung der Flächen, die Sanierung von Kasernen oder den Abriss von Technikparks bot die Konversion neue Möglichkeiten für die innere Entwicklung und die Aufwertung der Städte. Dabei waren Größe und Lage der Städte von zentraler Bedeutung für das Gelingen einer nachhaltigen Umwandlung innerstädtischer Militärflächen. Insbesondere in kleineren Städten fehlte der Bedarf.

In Frankfurt (Oder), Cottbus, Potsdam, Brandenburg an der Havel und Neuruppin entstanden Hochschulen und andere Bildungseinrichtungen, Landes- und Kommunalverwaltungen oder Technologie- und Gründerzentren, die in ehemaligen Kasernen Platz fanden. Zahlreiche vor dem Ersten Weltkrieg errichtete Kasernengebäude, die noch heute das Stadtbild prägen, wurden unter Denkmalschutz gestellt. Durch die Förderung der Sanierung und des Umbaus konnten bis 1999 etwa 10.000 Wohnungen für die zivile Nutzung gewonnen werden. Sehr zur Begeisterung der Besucher*innen konnten 2001, 2002 und 2009 Konversionsflächen in die Bundesgartenschau Potsdam sowie in die Landesgartenschauen Eberswalde und Oranienburg einbezogen werden.

Besondere Herausforderungen waren und sind mit der ehemaligen Militärstadt Wünsdorf verbunden – eine Konversion auf einer Fläche von 590 Hektar. Bereits in der zweiten Hälfte des 19. Jahrhunderts entstand im nahegelegenen Kummersdorf ein Testgelände der preußischen Artillerieprüfungskommission. Der Ausbau der Königlichen Militär-Eisenbahn verband das Testgelände 1897 mit der Reichshauptstadt. Nur wenige Jahre später wurde in Wünsdorf ein erster Truppenübungsplatz errichtet, der den Grundstein für die Entstehung der Militärstadt Wünsdorf legte. Der Ausbau des Geländes mit umfangreichen Kasernenanlagen sowie der Ansiedlung von strategischen Militärämtern forcierte die Bedeutung des Standortes südlich von Berlin. Spätestens mit der Auswahl Wünsdorfs als Sitz der Reichswehr gehörte das Areal zu den wichtigsten Militärstandorten im Deutschen Reich. Vor und während des Zweiten Weltkrieges entstand eine wahre Bunkerstadt, die Sitz des Oberkommandos der Wehrmacht war. Zu Beginn der 1950er Jahre wählte die Gruppe der Sowjetischen Streitkräfte in Deutschland Wünsdorf als Hauptquartier aus. Als die Truppen 1994 abzogen, hinterließen sie eine stark durch Kampfmittel und chemische Abfälle belastete Militärstadt. Auf dem ehemaligen Kasernengelände finden sich heute insgesamt etwa 1.000 Arbeitsplätze in verschiedenen Einrichtungen des Landes sowie in sozialen, kulturellen und Bildungseinrichtungen der Gemeinde. Dagegen gestaltet sich die Entwicklung zum Wohnstandort wesentlich langwieriger als ursprünglich erwartet. Durch die bevorstehende Eröffnung des Flughafens Berlin-Brandenburg erhoffen sich die Stadtplaner nun neue Impulse. Einen wichtigen Beitrag zur Weiterentwicklung der Militärstadt leisten zivilgesellschaftliche Akteure. Unter dem Label der »Bücher- und Bunkerstadt« setzen sie sich mit dem militärhistorischen Erbe auseinander und machen mit Führungen, Ausstellungen und weiteren kulturellen Angeboten auf das Spannungsfeld zwischen Krieg und Frieden aufmerksam.

Flugplätze, Depots und Bunker – Herausforderungen der Konversion militärischer Infrastrukturen

Die größte Herausforderung besteht in der Nachnutzung der eigentlichen militärischen Infrastruktur. Während des 20. Jahrhunderts entstanden über das Land Brandenburg verteilt Militärflugplätze, Munitions- und Tanklager sowie Führungsbunker. Im Laufe der Zeit wurden sie mit erheblichen Altlasten kontaminiert und wiesen weite versiegelte Flächen auf. Für zivile Nutzungen waren sie aufgrund hoch spezialisierter Funktionen zumeist nur nach aufwendiger Anpassung geeignet. Viele Gemeinden im ländlichen Raum erhofften sich Entwicklungsimpulse insbesondere von der Nachnutzung ehemaliger Militärflugplätze. Diese Planungen waren aufgrund des fehlenden Bedarfs und der peripheren Lage jedoch nicht von Erfolg gekrönt. Häufig wurden Rückbau, Entsiegelung und Renaturierung zu einer Handlungsoption. Im Rahmen eines Ökopools der BBG werden ehemalige Militärflächen entsiegelt, aufgeforstet oder durch Landschaftspflege aufgewertet.

Eine weitere Form der Nachnutzung brachte die Energiewende in den 2010er Jahren mit sich. Der hohe Platzbedarf großer Solarparks konnte auf den ehemaligen Militärflugplätzen Brandenburg-Briest, Eberswalde, Fürstenwalde, Groß Dölln, Jännersdorf, Neuhardenberg, Lieberose oder Wittstock/Dosse (Alt Daber) erfüllt werden.

Auf dem ehemaligen Flugplatz Groß Dölln bei Templin, einem der größten Militärflugplätze Mitteleuropas, entstand darüber hinaus das größte Fahrsicherheitszentrum Europas. Seit 2002 wurden Teile der Landebahn und einige Shelter, die als getarnte Bunker für Kampfflugzeuge dienten, in das Driving Center Groß Dölln, inklusive einer Rennstrecke, umfunktioniert.

Truppenübungsplätze als Kernzonen des Naturschutzes

Brandenburg trägt nicht umsonst den Namen »Streusandbüchse«. Die sandigen Böden waren prädestiniert für die Errichtung von Truppenübungsplätzen. Heute zählen diese ehemaligen Flächen wie die Döberitzer Heide westlich von Berlin oder der Naturpark Nuthe-Nieplitz zu den größten unzerschnittenen Naturräumen im dicht besiedelten Mitteleuropa. Durch die intensive militärische Nutzung in den Kernzonen und eine ungestörte natürliche Entwicklung in den Randbereichen entwickelten sich hier wertvolle Biotope. Ein großer Teil dieser Flächen wurde unter Natur- oder Landschaftsschutz gestellt und ist heute Bestandteil von Naturparks. In der Bevölkerung besteht ein großes Interesse, diese jahrzehntelang gesperrten Landschaften zu erleben. Allerdings haben die militärischen Nutzer eine hohe Munitionsbelastung hinterlassen. Sie wird die zivile Nutzung, die Landschaftspflege ebenso wie die Bekämpfung von Waldbränden noch Jahrzehnte beeinträchtigen.

Vor diesem Hintergrund vollzieht sich die Konversion im Spannungsfeld zwischen forstwirtschaftlichen und jagdlichen Interessen, zwischen der Erholungsnutzung und dem Naturschutz. Die im Jahr 2000 gegründete Stiftung Naturlandschaften Brandenburg besitzt und betreut etwa 12.800 Hektar Fläche auf den früheren Truppenübungsplätzen Jüterbog, Heidehof, Lieberose und Tangersdorf. Dort lässt man den eigendynamisch verlaufenden natürlichen Prozessen weitgehend freien Lauf. So entstehen die »Urwälder von morgen«. Diese Flächen sind in ihren Kernbereichen inzwischen Rückzugsräume für Wölfe und andere selten gewordene Tierarten in Brandenburg. Gleichzeitig bietet die Stiftung in den Randbereichen durch insgesamt 40 Kilometer Wanderwege und geführte Touren Möglichkeiten, die Natur hautnah zu erleben.

Die Heinz Sielmann Stiftung hat 2004 Teile des ehemaligen Truppenübungsplatzes Döberitzer Heide westlich von Berlin übernommen. Auch hier sollen in einer Wildniskernzone die vorhandenen Lebensräume mit Wisenten, Przewalski-Pferden und Rothirschen erhalten werden. Diese abgeschlossene Kernzone ist von einem Wanderwegenetz von etwa 55 Kilometern Länge umgeben.

Landgewinn als Friedensdividende

Zur Eröffnung des Konversionssommers 2019 und damit 25 Jahre nach dem Abzug der letzten russischen Streitkräfte gab das Finanzministerium des Landes Brandenburg bekannt, dass rund 90 Prozent der vom Land übernommenen Konversionsflächen in eine zivile Nachnutzung überführt werden konnten. Durch diesen Landgewinn im Frieden sind Arbeitsplätze und Wohnungen entstanden, Kasernen wurden für zivile

Nutzungen saniert oder abgerissen, Flächen konnten renaturiert sowie Naturpotenziale gesichert werden. Die Jahrhundertaufgabe Konversion lässt sich also nicht allein auf die Beseitigung militärischer Altlasten reduzieren. Die Öffnung ehemaliger militärischer Sperrgebiete für die zivile Nutzung kehrt den einstigen kriegerischen Zweck in einen friedlichen Gebrauch um. Konversion ist auch Motor einer Auseinandersetzung mit der Vergangenheit wie in Wünsdorf oder leistet einen aktiven Beitrag zum Klimaschutz wie in der Döberitzer Heide. All diese Bestrebungen entstehen nicht im Selbstlauf, sondern werden auch zukünftig durch das Engagement vielfältiger Akteure vor Ort und auf unterschiedlichen Ebenen errungen.

Matthias Simmich

Zwischen Krieg und Frieden

Die Potsdamer Konferenz im Schloss Cecilienhof

»Präsident Truman, Generalissimus Stalin und Premierminister Attlee verlassen diese Konferenz, die das Band zwischen den drei Regierungen gefestigt und den Rahmen ihrer Zusammenarbeit und Verständigung erweitert hat, erneut in der Gewißheit, daß ihre Regierungen und Völker, gemeinsam mit den anderen Vereinten Nationen, die Schaffung eines gerechten und dauerhaften Friedens sichern werden.«[1] Mit diesen zuversichtlichen Worten wurde die Weltöffentlichkeit in der »Mitteilung über die Berliner Konferenz der drei Mächte« offiziell über die Verhandlungen und die Beschlüsse der Potsdamer Konferenz, die vom 17. Juli bis zum 2. August 1945 im Schloss Cecilienhof stattgefunden hatte, unterrichtet. Auch in den ersten öffentlichen Stellungnahmen der Konferenzteilnehmer zeichneten Harry S. Truman für die USA, Josef W. Stalin für die Sowjetunion und Clement R. Attlee für Großbritannien ein überwiegend positives Bild vom Gipfeltreffen. Winston Churchill, der nach der Niederlage der Konservativen Partei bei den britischen Unterhauswahlen seinen Posten als Premierminister hatte räumen müssen, war anderer Ansicht: »Diese letzte Konferenz der Drei endete mit einer großen Enttäuschung. Von den in den verschiedenen Sitzungen aufgeworfenen zahlreichen Fragen blieben die meisten ungelöst.«[2] Wie kamen diese unterschiedlichen Einschätzungen zustande? War die Potsdamer Konferenz wirklich der so hoch gepriesene und lang ersehnte Schlussakt des Zweiten Weltkrieges in Europa? War sie Wegweiser für eine friedliche Zukunft?

Die Potsdamer Konferenz war die letzte Zusammenkunft der »Großen Drei«, um über die Nachkriegsordnung in Europa und die drängenden Fragen der Welt zu entscheiden. Vier Jahre bestand dieses Zweckbündnis, welches mit Hilfslieferungen von Rüstungs- und Industriegütern an die Sowjetunion begonnen hatte. Seit dem Angriff Hitlerdeutschlands auf die Sowjetunion im Juni 1941 war es zu einem wahren Konferenzmarathon zwischen den drei Mächten gekommen. US-Präsident Roosevelt, Generalissimus Stalin und Premierminister Churchill trafen sich in wechselnden Konstellationen. In Moskau, Washington, Kairo, Casablanca und Jalta verhandelten sie vor allem über die gemeinsamen Kriegsziele und das weitere militärische Vorgehen. Mit voranschreitendem Kriegsverlauf gewannen die politischen Fragen immer mehr an Bedeutung. Nachdem nun seit Mai 1945 die Waffen in Europa schwiegen, trat die Politik endgültig in den Vordergrund. Für drängende Fragen, wie die Aufrechterhaltung der Ordnung, die Verwaltung der befreiten Länder, die Versorgung der Bevölkerung und den Umgang mit Millionen heimatlos gewordener Menschen, mussten Antworten gefunden werden. Doch auch die grundsätzlichen Fragen nach Staatsgrenzen und politischen Systemen waren zu klären. All dies konnte nur durch ein erneutes, persönliches Zusammentreffen der Staats- und Regierungschefs entschieden werden.

Der offizielle Name der längsten Konferenz der »Großen Drei« lautete »Berliner Konferenz«, benannt nach dem ursprünglichen Tagungsort. Die immensen Zerstörungen erforderten jedoch ein Ausweichen ins angrenzende Potsdam. Die Spuren des Krieges waren auch dort allerorts sichtbar, doch gab es mit den Schlössern und den historischen Parkanlagen weitgehend unversehrte Gebiete. Schnell wurde die sowjetische Besatzungsmacht fündig und entschied sich für Schloss Cecilienhof im Neuen Garten. Zwischen dem Jungfernsee und dem Heiligen See gelegen, war es unter sicherheitstechnischen Gesichtspunkten als zentraler Konferenzort bestens geeignet. Darüber hinaus bot der nahegelegene Flughafen in Berlin-Gatow die geeignete Infrastruktur. Das Gebäude war von Kampfhandlungen verschont geblieben und besaß einen zentralen Saal von ausreichender Größe, in dem die Sitzungen stattfinden konnten. Auch die Unterbringung der mehrere hundert Personen umfassenden Delegationen im angrenzenden Potsdamer Stadtteil Babelsberg konnte sichergestellt werden.[3]

Schon bald nach Beginn der Konferenz zeigten sich die zentralen Konfliktlinien zwischen den Alliierten, die in dreizehn Sitzungen mit teils hitzigen Debatten, aber auch schwerfälligen Verhandlungen zutage traten. Die Folgen des Krieges für das besiegte Deutschland aufzuarbeiten, gelang noch recht gut. Deutschland sollte entnazifiziert werden. Die NSDAP wurde verboten, durch das Kontrollratsgesetz Nr. 1 hob man zentrale NS-Gesetze auf. Und schon bald darauf, im November 1945, sollten die Prozesse gegen die Hauptkriegsverbrecher des »Dritten Reiches« vor dem Internationalen Militärtribunal in Nürnberg beginnen.

Mit der Einsetzung des Alliierten Kontrollrats für Deutschland, der am 30. Juli 1945 erstmalig zusammentrat, schuf man das Gremium für die Umsetzung der Richtlinien: »Völlige Abrüstung und Demilitarisierung Deutschlands«, »Umgestaltung des deutschen politischen Lebens auf demokratischer Grundlage« und »Dezentralisierung der deutschen Wirtschaft«. Der vage Begriff der »Demokratisierung« wurde nicht näher präzisiert, um eventuelle Meinungsverschiedenheiten zu umgehen. Sehr viel konkreter fielen hingegen die Beschlüsse zu den Reparationen aus. Jede Besatzungsmacht sollte ihre Reparationsforderungen ausschließlich aus der eigenen Besatzungszone befriedigen. Zusätzlich wurden der Sowjetunion 25 Prozent der nicht benötigten industriellen Ausrüstungen aus den westlichen Zonen zugesagt, davon 15 Prozent im Austausch gegen Nahrungsgüter und Rohstoffe aus der eigenen Zone. Dieser Beschluss führte dazu, dass die einzelnen Besatzungszonen wirtschaftlich unterschiedlich stark belastet wurden, obwohl man auf dem Papier an der »wirtschaftlichen Einheit Deutschlands« festhielt. Während Stalin in diesem Punkt nachgab, akzeptierten die USA und Großbritannien im Gegenzug die Festlegung der neuen deutsch-polnischen Grenze entlang der Oder und der Lausitzer Neiße. Hierzu war am 24. Juli auf Wunsch Moskaus auch eine Abordnung der Polnischen Provisorischen Regierung zu Gast auf der Potsdamer Konferenz. Diese Grenzziehung stand zwar unter dem Vorbehalt einer »endgültigen Festlegung« auf einer späteren Friedenskonferenz, doch bis dahin galten die deutschen Gebiete östlich dieser Grenze »nicht als Teil der sowjetischen Besatzungszone in Deutschland«, sondern standen unter der »Verwaltung des polnischen Staates«. Durch das Auseinanderbrechen der Anti-Hitler-Koalition in der Nachkriegszeit kam es zu einem jahrzehntelangen Schwebezustand in dieser Frage. Erst 45 Jahre später, am 12. September 1990, wurde als Ersatz für einen Friedensvertrag mit Deutschland im »Vertrag über die abschließende Regelung in bezug auf Deutschland« – kurz »Zwei-plus-Vier-Vertrag« – die deutsch-polnische Grenze endgültig und völkerrechtlich verbindlich festgeschrieben.

In direktem Zusammenhang mit dieser Grenzfrage fiel der Beschluss der Alliierten zur Ausweisung der Deutschen aus Polen, Ungarn und der Tschechoslowakei in »ordnungsgemäßer und humaner Weise«. Die Realität sprach dieser Formulierung allerdings Hohn. Die gewaltsame Vertreibung von ca. zwölf Millionen Menschen war eine humanitäre Katastrophe. Das Mitleid der »Großen Drei« hielt sich gegenüber den »Kriegsverursachern« jedoch in Grenzen. Allein die Sorge, als Besatzungsmacht für Ernährung und Unterbringung all dieser zusätzlichen Menschen verantwortlich zu sein, führte zur Äußerung von Bedenken.[4] Ein Umdenken setzte jedoch nicht ein – konnte es auch nicht. Hatten die USA und Großbritannien doch bereits im Vorfeld der

Potsdamer Konferenz der Sowjetunion zugestanden, sich den östlichen Teil Polens einzuverleiben. Hierfür entschied man nun im Schloss Cecilienhof, Polen großzügig im Westen zu entschädigen. Durch die Westverschiebung Polens teilten am Ende etwa zwei Millionen Polen das Schicksal der vertriebenen Deutschen und wurden gen Westen zwangsumgesiedelt. Ethnische Minderheiten galten als Gefahr für die Stabilität eines Staates.[5]

Um einen Krieg zu beenden, schließt man in der Regel einen Friedensvertrag. Bei der Komplexität der zu behandelnden Fragen konnte dies in Potsdam jedoch nur vorbereitend auf den Weg gebracht werden. Ein Rat der Außenminister wurde einberufen, dem die USA, Großbritannien, die UdSSR, Frankreich und China angehörten. Als Ergebnis dieser Arbeit wurden schließlich auf der Pariser Friedenskonferenz von 1946 Friedensverträge mit Italien, Rumänien, Ungarn, Bulgarien und Finnland geschlossen. Diese ehemals mit Nazideutschland verbündeten Staaten erhielten damit ihre Souveränität zurück. Wegen der zunehmenden Spannungen zwischen den Siegermächten tagte der Rat der Außenminister jedoch nach 1948 nicht mehr. Die Allianz war zerbrochen.

Im Sommer 1945 herrschte hingegen noch in einem wichtigen Punkt Einigkeit: Nach dem Sieg über Hitler sollte nun der Krieg gegen Japan ebenfalls beendet werden. Stalin sagte militärische Unterstützung zu und verlegte bereits Truppen an die Grenze zur Mandschurei. Die Sowjetunion erklärte am 8. August 1945 Japan den Krieg.

Es war jedoch nicht der Kriegseintritt der Sowjetunion, der damals die Welt bewegte. Am Morgen des 16. Juli 1945 erhielt US-Präsident Truman eine Nachricht seines Kriegsministers Henry L. Stimson. Mit einem erfolgreichen Atombombentest in der Wüste von New Mexico hatte man die Einsatzfähigkeit der zerstörerischen Waffe nachgewiesen.[6] Die USA verfügten nun als erste und einzige Macht der Welt über Atomwaffen, und sie waren gewillt, diese gegen Japan einzusetzen. Als Warnung an das Japanische Kaiserreich erging am 26. Juli 1945 die Potsdamer Deklaration. Von Truman, Churchill und dem chinesischen General Chiang Kai-shek (per Telegraf) unterzeichnet, wurde die bedingungslose Kapitulation Japans gefordert. Man drohte mit »sofortiger und völliger Zerstörung«, sollte darauf nicht eingegangen werden. Die japanische Regierung ignorierte die Potsdamer Deklaration und so erfolgte der von Truman bereits am 24. Juli 1945 in Potsdam grundsätzlich gebilligte Einsatz der Atombombe. Am 6. und am 9. August 1945 kam es zu den Abwürfen über Hiroshima und Nagasaki.

Wenige Tage später, am 14. August 1945, wandte sich der japanische Kaiser Hirohito über den Rundfunk erstmals direkt an sein Volk und verkündete die Kapitulation seines Landes. Zwei Wochen später erfolgte die

Unterzeichnung der Kapitulationsurkunde auf dem US-Schlachtschiff »Missouri« in der Bucht von Tokio. Ausdrücklich wurden hierbei die Bedingungen der Potsdamer Deklaration anerkannt.

Die Potsdamer Konferenz endete in der Nacht zum 2. August 1945 mit der Unterzeichnung der »Mitteilung über die Dreimächtekonferenz von Berlin«. Ein »Potsdamer Abkommen« als völkerrechtlich verbindlichen Vertrag gab es nicht. Vielmehr handelte es sich um ein Konferenzkommuniqué, eine Absichtserklärung. Dennoch ging die Konferenz im Schloss Cecilienhof als bedeutendes historisches Ereignis in die Geschichte ein. Noch einmal wurde der Weltöffentlichkeit Einigkeit zwischen den Alliierten demonstriert, obwohl diese nur noch mühsam zustande gekommen war. Es gibt gute Gründe, den Beginn des Kalten Krieges in Potsdam zu verorten. Dort wurde offensichtlich, dass die Basis einer gemeinsamen alliierten Politik nicht mehr vorhanden war. Sie hatte ihren Zweck erfüllt. Fortan traten erneut die unterschiedlichen Weltanschauungen und gegensätzlichen politischen Systeme in den Vordergrund. Die Potsdamer Konferenz ging als Sinnbild für eine Zeitenwende in die Geschichte ein. In ihr vereinte sich das Ende des Krieges, der Beginn des Friedens, aber auch der Anfang des Kalten Krieges und des Wettrüstens. Daher zieht Schloss Cecilienhof die Menschen so sehr in seinen Bann. Bis heute kommen Jahr für Jahr Hunderttausende Besucherinnen und Besucher aus der ganzen Welt, um den historischen Ort kennenzulernen, an dem die »Großen Drei« das Ende Hitlerdeutschlands besiegelten. Es ist ein Ort der kollektiven Erinnerung und völlig zu Recht UNESCO-Welterbe. Und wer einmal in der Konferenzhalle stand und auf den runden Tisch mit den doppelten Stuhlreihen schaute, der kann sich der magischen Aura des Ortes kaum entziehen.

1 Amtsblatt des Kontrollrats in Deutschland, Ergänzungsblatt 1, Berlin 1946, S. 13.
2 Winston Churchill: *Der Zweite Weltkrieg,* Frankfurt am Main 2003, S. 1093.
3 *Schloß Cecilienhof und die Potsdamer Konferenz 1945. Von der Hohenzollernwohnung zur Gedenkstätte,* hrsg. v. Chronos Film und der Stiftung Preußische Schlösser und Gärten Berlin-Brandenburg, Berlin/Kleinmachnow/Potsdam 1995, S. 104–110.
4 Alexander Fischer (Hrsg.): *Teheran, Jalta, Potsdam. Die sowjetischen Protokolle von den Kriegskonferenzen der »Großen Drei«,* Köln 1968, S. 320–322.
5 Ebd., S. 303.
6 Harry S. Truman: *The Memoirs of Harry S. Truman. Year of decisions 1945*, New York 1955, S. 415.

BRANDENBURGER ZEITSCHNITTE 1945–2020

Potsdam,
Altes Rathaus und
Palais Barberini,
um 1948

Potsdam,
Altes Rathaus
und Museum
Barberini, 2020

Frankfurt (Oder),
Große Scharrnstraße,
nach 1945

Frankfurt (Oder),
Große Scharrnstraße,
2020

Cottbus,
Spremberger Straße,
um 1946

Cottbus,
Spremberger Straße,
2020

Rathenow,
Alte Reichspost,
nach 1945

Rathenow,
August-Bebel-Platz,
2020

Frankfurt (Oder),
Sieben Raben,
1948

Frankfurt (Oder),
Sieben Raben,
2020

Potsdam, zerstörte
Lange Brücke,
um 1948

Potsdam,
Lange Brücke,
2020

Guben, zerstörte Neiße-Brücke, um 1946

Guben/Gubin,
Neiße-Brücke, 2020

Forst (Lausitz),
Berliner Ecke
Cottbuser Straße,
1947/48

Forst (Lausitz),
Berliner Ecke
Cottbuser Straße,
2020

Fürstenwalde/Spree,
Altes Rathaus und
Umgebung, 1945

Fürstenwalde/Spree,
Altes Rathaus, 2020

Schwedt/Oder,
zerstörte Kanalbrücke,
1945/46

Schwedt/Oder,
Kanalbrücke,
2020

Brandenburg an der Havel, Paulikloster, 1945/46

Brandenburg an der
Havel, Paulikloster,
2020

Prenzlau, Marienkirche
und Fassade des Alten
Rathauses, nach 1945

Prenzlau,
Marienkirche,
2020

Cottbus, Altes
Cottbuser
Rathaus, 1945

Cottbus,
Altmarkt,
2020

Christoph Bernhardt

Grundlinien der Stadtentwicklung im Land Brandenburg von 1945 bis 1990

Neubeginn im Umbruch

1945 standen die brandenburgischen Städte an einem Wendepunkt ihrer Entwicklung. Seit dem Dreißigjährigen Krieg hatte es keine vergleichbare Umwälzung der Lebensverhältnisse sowie der politischen, gesellschaftlichen und wirtschaftlichen Strukturen gegeben.

Im 19. Jahrhundert erlebten die Städte der preußischen Provinz Brandenburg eine kontinuierliche, flächenhafte Verstädterung, sodass die Bevölkerung in den beiden Regierungsbezirken Potsdam und Frankfurt (Oder) bis 1939 auf etwa 1,7 bzw. 1,3 Millionen Menschen anwuchs. Im Zuge des Zweiten Weltkrieges kam es zu großflächigen Zerstörungen. Eine Vielzahl brandenburgischer Städte war seit 1942 von dem zunehmenden Luftkrieg betroffen oder wurde 1945 – im Zuge der sowjetischen Offensive gegen die Reichshauptstadt – zum Schauplatz von Kampfhandlungen. Auch aus übergreifender, europäischer Perspektive zählen die Gebiete östlich Berlins zu den besonders stark betroffenen Landschaften, vergleichbar mit Teilen Osteuropas oder der Normandie. Dabei verzeichneten Städte wie Frankfurt (Oder), Schwedt und Küstrin, aber auch die Innenstädte von Potsdam, Prenzlau oder Rathenow schwere Schäden und eine Vielzahl ziviler Opfer. Andere Städte wie etwa Angermünde, Perleberg, Jüterbog und Stendal blieben hingegen relativ unversehrt. Insgesamt hatten 40 Prozent der Städte größere Gebäudeschäden und Menschenverluste zu beklagen, und infolge der Westverschiebung der deutsch-polnischen Grenze gingen

44 der insgesamt 146 brandenburgischen Städte an den neuen polnischen Staat über.

Die Gründung der DDR unter Führung der SED und die damit verbundene sozialistische Umgestaltung Brandenburgs brachten den Städten völlig neue rechtliche Rahmenbedingungen, zu denen vor allem die Abschaffung der kommunalen Selbstverwaltung und der Planungshoheit gehörte. Wesentliche Standortentscheidungen, gerade auch für den Wohnungsbau sowie für neue Industrieansiedlungen, wurden nun nach den Vorgaben der Einheitspartei und der Fünfjahrespläne von übergeordneten staatlichen Stellen, wie der zentralen Plankommission, den Räten der neu gegründeten Bezirke oder von nachgeordneten Einrichtungen wie den Wohnungsbaukombinaten getroffen. Die große Verwaltungsreform von 1952 zerstörte mit der Bildung der Bezirke Potsdam, Frankfurt (Oder) und Cottbus auf dem Gebiet der ehemaligen preußischen Provinz Brandenburg nicht nur traditionsreiche föderale, kommunale und kulturelle Strukturen, sondern zielte auch auf einen umfangreichen Personalwechsel im Sinne der sozialistischen Machthaber ab.

Sozialistische Industrialisierung und Urbanisierung

In epochenübergreifender Perspektive durchlief die brandenburgische Städtelandschaft in der DDR-Zeit einen besonders starken, wenn auch späten Industrialisierungs- und Urbanisierungsschub. Vor allem die ersten drei Fünfjahrespläne pflanzten mit der Gründung großer Kombinate und neuer Industriestandorte, zum Beispiel in Eisenhüttenstadt (ab 1950) und Schwedt (ab 1958), schwerindustrielle Kerne und Siedlungszentren in vorher agrarisch geprägte Gebiete. Im Zusammenspiel von zentral gesteuerter Industrieansiedlung und Territorialplanung wurde die Entwicklung der drei brandenburgischen Bezirke und ihrer Städte tendenziell monostrukturell ausgerichtet, und zwar auf die Energie- und Brennstoffindustrie in Cottbus, die chemische Industrie und Metallurgie in Frankfurt (Oder) sowie den Maschinen- und Fahrzeugbau im Bezirk Potsdam.

Daraus entstanden neue Siedlungsgebiete, die nicht nur attraktive und moderne Wohnungen und Einkaufsmöglichkeiten boten. Sie entwickelten darüber hinaus eine geradezu magnetische Wirkung auf den ländlichen Raum, zum Beispiel mit ihren Konsumangeboten und Fußgängerzonen. Ein Urbanisierungsschub anderer Art erfasste viele der weiterhin ländlichen Regionen, die mit der Kollektivierung und der Industrialisierung der Landwirtschaft ebenfalls neue Siedlungsstrukturen ausbildeten. Die ehemalige Kleinstadt Seelow im Oderbruch wurde so zum Zentrum der Gemüseproduktion und Standort zahlreicher »Volkseigener Betriebe« (VEB) und »Produktionsgenossenschaften des Handwerks« (PGH).

Zwischen Wiederaufbau und Neugestaltung

Die ersten eineinhalb Jahrzehnte der Nachkriegszeit standen ganz im Zeichen der Enttrümmerung und der Wiederaufbauplanung. Zunächst noch vielfach unter der Leitung »bürgerlicher« Stadtbauräte, sollten die im Krieg entstandenen innerstädtischen Brachen und Baulücken mit Neubauten geschlossen werden, so etwa in Brandenburg an der Havel. Auf dem Programm des dort 1950 verabschiedeten Wiederaufbauplans standen darüber hinaus auch Neubauten für das Stadttheater und weitere kulturelle und soziale Einrichtungen sowie die Umgestaltung des Marienbergs zu einem »Volks- und Kulturpark«.[1] Der Wiederaufbau erfolgte bis Mitte der 1950er Jahre entsprechend der vorgegebenen Architekturdoktrin der »Nationalen Bautradition«. Nicht selten wurde unter dieser Prämisse auch erhaltenswerte Bausubstanz zerstört.

Nach der Beseitigung der größten Kriegsschäden und der Sicherung einer Grundversorgung traten ab Mitte der 1950er Jahre zunehmend Planungen für die Gestaltung der Stadtzentren als sozialistischer Repräsentationsräume in den Vordergrund. In Potsdam markierte der Abbruch der Ruine des Stadtschlosses 1960 den Startpunkt für derartige Planungen. Rund um einen »Zentralen Platz« als »politischen und kulturellen Mittelpunkt des Bezirkes und der Stadt« sollte Raum für »die großen politischen Demonstrationen, Kundgebungen und Volksfeste« geboten werden, wie es in dem Ausschreibungstext für einen Ideenwettbewerb von 1960 heißt. Einzelvorhaben wie der Neubau einer Landes- und Hochschulbibliothek und eines Hotelhochhauses addierten sich mit autofreundlichen Straßenerweiterungen nach Norden und verschiedenen Rekonstruktionen am Alten Markt zu einem heterogenen, später sehr modifiziert realisierten Umbauprogramm.[2] In die größeren städtebaulichen Projekte und Wettbewerbe der brandenburgischen Städte griffen stets übergeordnete Instanzen und insbesondere die Bauakademie der DDR kontrollierend und steuernd ein. Dies war etwa der Fall beim Wettbewerb für einen Generalbebauungsplan für Prenzlau von 1967, dessen Siegerentwurf die völlige Umgestaltung des alten Stadtkerns mit mindestens zehngeschossigen Hochhäusern, Hotels und zahlreichen Büros vorsah. Deutlich überdimensioniert wirkte das für eine Bevölkerungszahl von bis zu 80.000 Einwohnern ausgelegte »Filmtheater der Freundschaft« in einer Stadt, deren Einwohnerzahl tatsächlich dauerhaft unter 25.000 verharrte.[3]

Wie die Bedingungen des DDR-Sozialismus die Stadtentwicklung beeinflussten, lässt sich exemplarisch an der südlich von Berlin gelegenen Stadt Ludwigsfelde andeuten. Die ehemalige Werkssiedlung wuchs seit der Gründung des VEB Industriewerke Ludwigsfelde für die Motoren- und Lkw-Produktion sprunghaft an und wurde 1965 zur Stadt erklärt. Der Kreisverwaltung Zossen standen für die städtebauliche Weiterentwicklung nur geringe Mittel zur Verfügung, weshalb eine Vielzahl von Kooperationsbeziehungen mit den lokalen Betrieben den Mangel teilweise kompensieren sollte. Damit verlagerten sich aber faktisch auch kommunale Kompetenzen und Angebote – von der Wohnungsversorgung über die Sozialpolitik bis zu Dienstleistungen – in die Betriebe, wodurch der Betriebs- oder Kombinatsdirektor zu einem wichtigen Akteur der Lokalpolitik wurde. Trotz einer relativ einflusslosen Stadtverordnetenversammlung konnten die Einwohner und die Stadtverwaltung mit Engagement und Phantasie bei der informellen Sicherung von Ressourcen an den offiziellen Planzahlen vorbei Handlungsspielräume nutzen, so etwa bei der Errichtung einer »Volksschwimmhalle« seit den späten 1960er Jahren.[4]

Die Militärpräsenz in und bei den Städten

Die traditionell starke militärische Präsenz in Brandenburg blieb auch nach dem Zweiten Weltkrieg erhalten. Neben der Gruppe der Sowjetischen Streitkräfte in Deutschland (GSSD) unterhielten auch die bewaffneten Organe der DDR in oder bei zahlreichen brandenburgischen Städten Garnisonen. Allein die GSSD betrieb 15 größere und weitere kleine Standorte, unter anderem in Potsdam, Frankfurt (Oder), Neuruppin, Sperenberg und Jüterbog, in denen insgesamt ca. 200.000 Militärangehörige stationiert waren. Sie okkupierten, inklusive ihrer Truppenübungsplätze und weiterer Flächen, schätzungsweise fünf Prozent des gesamten brandenburgischen Territoriums. Die Nationale Volksarmee der DDR betrieb ihre wichtigsten Standorte in Straußberg, Potsdam und Königs Wusterhausen sowie an weiteren Orten im näheren und weiteren Umland Berlins. Einzelne Orte wie etwa Pinnow (Uckermark), Ludwigsfelde oder Mittenwalde profitierten in gewissem Umfang von Militäraufträgen für ihre Rüstungsbetriebe. Dagegen verschärften die von der GSSD beanspruchten 20.000 Wohnungen (zusätzlich zu den Kasernen) die angespannte Wohnungsversorgung für die Zivilbevölkerung.[5] Ende der 1980er Jahre belegten sowjetische Militärangehörige ganze Stadtviertel wie etwa Jüterbog II oder Finow. Die Soldaten prägten vielerorts das Stadtbild. In Schwedt arbeiteten die Insassen der weithin bekannten Militärstrafanstalt tagsüber im Erdölkombinat PCK sowie in anderen Betrieben. In Potsdam, wo die sowjetischen Truppen weite Gebiete der Berliner Vorstadt und des Bornstedter Feldes belegten, aber auch an anderen Standorten bildeten die Militärareale faktisch exterritoriale Sonderflächen und Sperrzonen für die Stadtplanung. Sie waren bis 1989 bzw. 1994 dem Zugriff der Kommunalbehörden weitestgehend entzogen.

Vom Wohnungsbauprogramm 1971 bis zum Ende der DDR

Im Dezember 1970 setzte der Beschluss des DDR-Ministerrats für ein großes Wohnungsbauprogramm im Fünfjahresplan 1971 bis 1975 den Startpunkt für die Errichtung von Großsiedlungen in serieller und industrialisierter Bauweise. Die Bezirke Potsdam und Frankfurt (Oder) gehörten zu den Schwerpunktregionen und erhielten im DDR-Maßstab überdurchschnittlich viele neue Wohnungen. Siedlungen bzw. Wohnkomplexe wie Sachsendorf/Madlow in Cottbus, Neuberesinchen in Frankfurt (Oder), Talsand in Schwedt oder Brandenburg-Nord in Brandenburg an der Havel prägten nicht nur grundsätzlich die Stadtstrukturen, sondern schufen mit ihren Kinderkrippen, Versorgungseinrichtungen und Hausgemeinschaften neue, sozial relativ homogene sozialistische Lebenswelten. Im Gegenzug wurde die Instandhaltung der Altstadtquartiere stark vernachlässigt, die einen gravierenden Niedergang und Zerfall erlebten.

Die neuere historische Forschung hat verstärkt die Rolle der Selbstdeutung von Gesellschaften als konstitutiv für ihre Identität und Stabilität in den Blick genommen. In diesem Sinne war die Wahrnehmung der Städte durch ihre Bürger gerade für den um Legitimation ringenden sozialistischen Staat der DDR mit seiner gelenkten Öffentlichkeit von existenzieller Bedeutung. Vor allem die neuen Städte Eisenhüttenstadt und Schwedt wurden geradezu mit einem medialen Feuerwerk an Filmen, literarischen und anderen künstlerischen Inszenierungen sowie mit staatlicher Propaganda als Orte mit hoher Lebensqualität und als Inkarnationen der Leistungsfähigkeit des sozialistischen Systems gefeiert. Im öffentlichen Stadtraum wie auch in öffentlichen Gebäuden durchdrangen zahlreiche Skulpturen und Wandbilder den Alltag der Stadtbürger mit sozialistischen Botschaften. Es wurden aber auch »unpolitische« Skulpturen, etwa Märchenfiguren oder Büsten historischer Personen, aufgestellt. Dennoch verlor selbst in privilegierten Städten wie Schwedt das für die sozialistische Erzählung grundlegende Versprechen eines besseren Lebens in naher Zukunft seit den 1970er Jahren zunehmend an Glaubwürdigkeit.

Parallel dazu wurden die Stadtentwicklung in der DDR und insbesondere deren prominente Bauten zunehmend als Glanzpunkte gelobt. Der auflagenstarke *Architekturführer DDR* stellte beispielsweise in Potsdam einzelne Bauten der DDR-Zeit dem friderizianischen Barock als sozusagen kongeniale Kulturzeugnisse an die Seite. Gerade hier sei »der erfolgreiche Weg der Rekonstruktion und Umgestaltung historischer Innenstadtbereiche«[6] nach 1945 abzulesen. Den zentrumsnahen Wohngebäuden in Frankfurt (Oder) attestierte der *Architekturführer* »eine erlebbare Gestaltung der räumlichen Stadtstruktur und eine ausgeprägte Silhouettenbildung«.[7] Auch in anderen Publikationen wurde versucht, das Image brandenburgischer Städte zu profilieren und zugleich ihre sozialistische Prägung herauszustellen. Die Wahrnehmung und die Bewertung der Städte und Stadtgesellschaften durch die Bürger, wie sie etwa in den Aufnahmen von zahlreichen Amateurfotografen der Betriebsfotogruppen und der Jugendclubs oder in Stadtbildern von Malern zum Ausdruck kamen, waren jedoch vielfach differenzierter und zunehmend kritischer. Die Friedliche Revolution bot abweichenden Meinungen nicht nur den Raum zur Artikulation, sie brachte auch eine wissbegierige Öffentlichkeit hervor, wie der Beitrag von Michael Zajonz in diesem Band eindrucksvoll beschreibt.

1 Harald Bodenschatz, Carsten Seifert: *Stadtbaukunst in Brandenburg an der Havel. Vom Mittelalter bis zur Gegenwart,* Berlin 1992, S. 275.
2 Vgl. Erich Konter, Harald Bodenschatz: *Städtebau und Herrschaft. Potsdam: Von der Residenz zur Landeshauptstadt,* Berlin 2011, S. 154.
3 Vgl. Harald Engler: Das »sozialistische« Prenzlau in der SBZ und der DDR (1945–1990), in: Klaus Neitmann, Wilhelm Schich (Hrsg.): *Geschichte der Stadt Prenzlau,* Horb am Neckar 2009, S. 274–339, hier S. 305 f.
4 Vgl. Carsten Benke: Am Ende der Hierarchie: Grenzen und Spielräume der Kommunalpolitik in der DDR – mit Beispielen aus der Industriestadt Ludwigsfelde, in: Christoph Bernhardt, Heinz Reif (Hrsg.): *Sozialistische Städte zwischen Herrschaft und Selbstbehauptung. Kommunalpolitik, Stadtplanung und Alltag in der DDR,* Stuttgart 2009, S. 21–46, hier S. 40.
5 Vgl. Detlef Kotsch: Die Bezirke Potsdam, Frankfurt (Oder) und Cottbus in der DDR (1952 bis 1990), in: Ingo Materna, Wolfgang Ribbe (Hrsg.): *Brandenburgische Geschichte,* Berlin 1995, S. 727–794, hier S. 783 f.
6 Ingrid Bartmann-Kompa: *Architekturführer DDR. Bezirk Potsdam,* Berlin 1981, S. 14.
7 Ingrid Halbach: *Architekturführer DDR. Frankfurt (Oder),* Berlin 1987, S. 14.

Michael Zajonz

Verloren, verdrängt, bewahrt, geheilt?

Wiederaufbau in Potsdam zwischen subversiver Kraft des Bewahrens und Abkehr vom Alten

»Ein gängiges Ondit in dem kleinen und mittlerweile untergegangenen Ländchen lautete: Die Kulturpolitik der DDR wird von einigen Leuten im Zentralkomitee der SED und von der westdeutschen Zeitung FAZ bestimmt.«[1]

Man sieht nur, was man weiß. Oder ist es umgekehrt? Wer sich die Bedeutung von Potsdams Stadtbild erschließen möchte, muss genau hinsehen. Und auch anderen Sinneseindrücken Raum lassen. Neben den weltberühmten und spektakulären Parkanlagen von Sanssouci, Charlottenhof, des Neuen Gartens und von Babelsberg entstand über zwei Jahrhunderte hinweg ein städtebauliches Ensemble von hoher Qualität und Schönheit: das historische Potsdamer Stadtzentrum. Lange stand es im Schatten der Schlösser und Parks.

Wie bei einer Partitur kommt es beim Potsdamer Stadtbild auf das Verhältnis der einzelnen Teile zueinander an, aufgebaut in Harmonien und Kontrasten, akzentuiert durch Leitmotive. In einer Stadt, die so funktioniert, trägt jedes einzelne Gebäude, jede Sichtbeziehung, jeder Grünzug, jede Platzanlage, jeder Fassadenschmuck, ja jeder einzelne Pflasterstein zur Wirkung des Ganzen bei – auch wenn das einzelne Gebäude sogar unauffällig sein kann, solange es nicht die harmonische Gesamtwirkung stört. In einer Stadt wie Potsdam (oder wie Venedig, Edinburgh, St. Petersburg) ist das Gesamtbild mehr als die Summe seiner Teile. Damit dieser Vielklang überzeugt, zählt jedes Detail. Jede Note, jeder Takt.

Der Denkmalpfleger Norbert Blumert hat vor über 30 Jahren am Beispiel des Holländischen Viertels auf diesen musikalischen Charakter der barocken Potsdamer Stadtbaukunst hingewiesen. Was er entdeckte und beschrieb, lässt sich mühelos auch auf andere Teile der Potsdamer Innenstadt beziehen: eine Architektur, die klingt. Potsdamer sind privilegierte Zuhörer.

Eine Stadt wie Potsdam lebt in ständiger Bedrohung. Naturkatastrophen, Kriege, politische oder ökonomische Systemwechsel können das Gespinst der schönen Zweckmäßigkeit, der feingeknüpften Bezüge, der harmonisch miteinander kommunizierenden Straßenseiten, der Ästhetik von Maß und Zahl empfindlich stören oder sogar dauerhaft zerstören. Städte wie Potsdam vertragen Evolutionen besser als Umbrüche.

Der gezielte Luftangriff der Royal Air Force auf das historische Potsdamer Stadtzentrum am späten Abend des 14. April 1945 führte zu einer von den Alliierten einkalkulierten Katastrophe ohne militärischen Nutzen. Tausende Menschen starben, rund 1.000 Gebäude in der Innenstadt wurden ganz oder weitgehend zerstört, wodurch eine Vielzahl der Bewohner*innen ihren Besitz und ihr Obdach verlor. Mit Potsdam sollte ein Symbol ausgelöscht werden. Zwölf Jahre nach dem »Tag von Potsdam«, der medienwirksamen Verbindung der alten kaisertreuen Eliten mit den Machthabern der NS-Bewegung, wurde in der »Nacht von Potsdam« ein Stadtbild zerstört, das wie kein zweites mit dem Aufstieg des Königreichs Preußen verbunden war.

Eine Ersatzhandlung, die der Historiker Jörg Friedrich als eine Art Teufelsaustreibung beschreibt: »Potsdam wurde zerstört, um den preußischen Militarismus geschichtlich zu annullieren. England stand mit dem preußischen Militarismus oft und gern im Bunde, aber darauf kommt es hier nicht an. Es führte Krieg gegen den Ungeist. Der Ungeist ist ein äußerst schwieriges Ziel. Der Unmensch und seine Machtmittel besitzen Körperkonturen, Ungeist hingegen steckt in irgendeinem Gefäß. Wer es zerstört, hat ihn nicht unbedingt getroffen, er ist flexibel und kehrt woanders ein. Jedes Gefäß soll brechen, das dem Ungeist zu künftigem Aufenthalt taugt, damit kommt man ihm näher. Potsdams Ruin am 14. April ist ein Fall solcher Annäherung. Das mythische Gestein von Potsdam […] wurde triumphal gekippt. Seine Einebnung sagte dem Angreifer etwas, der Gegner erbaute sich daran und nun nie mehr wieder.«[2]

Potsdam büßte für die Auswüchse einer eng mit dem preußischen Militär verknüpften Tradition und Lebenswirklichkeit, die Besucher der Stadt schon im 18. Jahrhundert bemerkt und kritisiert hatten. Gleichwohl gründete die regelbasierte barocke Stadtbaukunst Potsdams nicht nur, ja nicht einmal vordergründig auf militärischen Erwägungen. Gefäße des Potsdamer Ungeists, wie ihn die Alliierten treffen wollten, waren noch am ehesten die Repräsentationsbauten des Hofes und des Militärs: das Stadtschloss, die Garnisonkirche, das Große Militärwaisenhaus. Nur hier durchdrangen sich künstlerischer Anspruch und ideologischer Gehalt in der für Herrschaftsbauten typischen Dichte und Zeichenhaftigkeit.

Politische Inszenierungen, im Fall des »Tags von Potsdam« am 21. März 1933 als historischer Rückgriff auf Preußens Glanz und Gloria konzipiert, bevorzugen solche Gebäude als architektonischen Verstärker, wenn deren Grundaussage auch nur halbwegs ins eigene ideologische Programm passt. Die Garnisonkirche ist ideell gewissermaßen schon vor 1945 verbrannt. An der Unmöglichkeit, Form und Inhalt zu trennen, krankt auch der seit 30 Jahren heftig umstrittene und 2017 begonnene Wiederaufbau der Kirche ohne überzeugendes Nutzungskonzept. Der Architekturtheoretiker Philipp Oswalt und zahlreiche namhafte Mitunterzeichner konstatierten deshalb im August 2019 in einem offenen Brief an Bundespräsident Frank-Walter Steinmeier, dass die Garnisonkirche bereits während der Weimarer Republik »als Treffpunkt und Symbolort antidemokratischer, antisemitischer, nationalistischer und rechtsradikaler Kräfte« gedient und das Wiederaufbauprojekt bis heute »keinen überzeugenden Trennstrich zu diesen problematischen Traditionen des Ortes gezogen« habe.[3]

Die problematischen Traditionen des Ortes waren bereits in den 1950er und 1960er Jahren ausschlaggebend, als sich der Umgestaltungswille der SED auf die kriegsbeschädigten, ideologisch aufgeladenen Repräsentationsbauten konzentrierte. Die Ruinen von Stadtschloss und Garnisonkirche wurden schnell zur Verfügungsmasse tagespolitischer Diskussionen. Vordergründig betrachtet, standen sie einer modernen Verkehrsplanung im Weg, die in Potsdam offenbar schon immer ein Problem gewesen ist. Ähnliche Scheinargumente übrigens wurden zeitgleich in der Bundesrepublik unter dem Leitbild der autogerechten Stadt gegen historische Baudenkmale vorgebracht. Tatsächlich jedoch ging es auch nach 1945 um die Revision von Geschichtsbildern.

Die Chancen für einen Wiederaufbau in Potsdam unter Einbeziehung der vorhandenen Bausubstanz dürften dabei von Anfang an nicht groß gewesen sein – selbst wenn nach Einschätzung des Instituts für Denkmalpflege der DDR noch 1958 »an der Stadtschloßruine 83 % der Außenmauern tragfähig und für den Ausbau wiederverwendbar« waren.[4] Obwohl sich Kunsthistoriker, Architekten und Denkmalpfleger in Ost und West mit Verweis auf die künstlerische Bedeutung vehement für den Wiederaufbau einsetzten, fielen die Ruinen des Schlosses 1959/60 und der Garnisonkirche 1968 den Sprengmeistern zum Opfer. Welche ideologische Bedeutung den Abrissen eingeräumt wurde, zeigt der Umstand, dass darüber jeweils auch das Politbüro des Zentralkomitees der SED beriet.

Vielleicht gehört es zu den Besonderheiten der Potsdamer Gemengelage, dass bereits in den 1950er Jahren auch im Fall von einfachen Bürgerhäusern aus friderizianischer Zeit mit weltanschaulichen Argumenten um Erhalt oder Abriss gerungen wurde. Der damalige Potsdamer Stadtdenkmalpfleger Friedrich Mielke (1921–2018), ein profunder Kenner der Materie, hatte schon früh Bestandsanalysen der zerstörten, beschädigten und benutzbaren Bürgerhäuser erstellt und daraus gemeinsam mit anderen Architekten und Denkmalpflegern Strategien zum Wiederaufbau entwickelt.[5]

Zwischen 1951 und 1957 wurden nach Mielkes Zielsetzung die schwer beschädigten Vorderhäuser an der Ostseite der Wilhelm-Staab-Straße wiederhergestellt. Hinter den zwei- und dreigeschossigen Barockfassaden der 1770er und 1780er Jahre entstanden moderne Wohnungen, um zu beweisen, dass Denkmalpflege und sozialer Wohnungsbau keine Widersprüche sein müssen. Die später als »erste Barockstraße in unserer Republik« und »bemerkenswertes Beispiel für die Denkmalpflege in der DDR« gewürdigte Maßnahme wurde zunächst jedoch als revanchistisch diffamiert und blieb im Potsdamer Wiederaufbaugeschehen ein Einzelfall.[6] Mielke gab 1958 auf und ging in den Westen, um einer der profiliertesten akademischen Denkmalpfleger der Bundesrepublik zu werden. 1991 erhielt er die Ehrenbürgerwürde Potsdams.

Mit der Übernahme der Prinzipien des funktionalistischen Städtebaus in der DDR um 1960 war der Wiederaufbau in traditioneller Stein-auf-Stein-Machart grundsätzlich infrage gestellt. Die Forderung nach Bauten und Ensembles im Stil der internationalen (= westlichen) Moderne hat auch in Potsdam für einige bemerkenswerte Neubauten auf zuvor abgeräumten Altstadtflächen gesorgt, wenn auch ihr Anspruch und ihr Umfang nie die Qualität des Baugeschehens in Ostberlin, Leipzig, Dresden oder Karl-Marx-Stadt (Chemnitz) erreichten.

Viele dieser Sonderbauten, wie das Schwimmbad am Brauhausberg, das Fernmeldeamt hinter der wilhelminischen Hauptpost am Kanal oder das Haus des Reisens an der Friedrich-Ebert-Straße/Yorckstraße, sind längst wieder abgerissen oder wie die Wissenschaftliche Allgemeinbibliothek – die heutige Stadt- und Landesbibliothek – durch ihre Sanierung bis zur Unkenntlichkeit verändert worden.[7]

Auch das anstelle der Garnisonkirche errichtete Rechenzentrum soll endgültig dem Kirchenwiederaufbau weichen, nachdem ein erster Bauteil bereits vor Jahren für die Rekonstruktion des Turmes fallen musste. Der Verwaltungstrakt des Rechenzentrums, geschmückt von Fritz Eisels Mosaikbilderserie »Der Mensch bezwingt den Kosmos«, wird derzeit von Künstlern und anderen Kreativen zwischengenutzt. Die angrenzende Rechnerhalle wurde 2019 abgerissen, obwohl sich ein Verein für den Erhalt und die Nutzung des DDR-Ensembles engagierte. Nun entsteht dort »ein neues Kreativquartier«.[8]

Selbst wenn der Verlust denkmalwerter Bausubstanz der 1960er und 1970er Jahre kein Spezifikum Potsdams und erst recht keines der sogenannten Ostmoderne ist, folgt die Retro-Historisierung der Potsdamer Mitte nach 1990 mit der Wiederannäherung an den barocken Stadtgrundriss doch einer stadtpolitischen Zielvorstellung – die im Idealfall immer wieder diskursiv neu auszuhandeln und anzupassen wäre. Dass sich gesellschaftliche Interessen und Bewertungen wandeln, zeigt die Bereitschaft des Potsdamer Mäzens Hasso Plattner, das ruinöse Terrassenrestaurant »Minsk« als Sammlermuseum für DDR-Kunst wiederherzustellen.

Eine Stadt ist kein Museum: weder eines allumfassenden friderizianischen Durchgestaltungswillens noch der ostdeutschen Aufbruchs-Moderne, die in Potsdam nur Fuß fassen konnte, weil sie alles Alte negierte. Typisches Beispiel für eine rabiate städtebauliche Umprägung ist die Breite Straße, die als Wilhelm-Külz-Straße zwischen Ende der 1960er und Anfang der 1980er Jahre zur »Sozialistischen Magistrale« umgestaltet wurde. Grundbedingung war der Abriss der Garnisonkirche, die nicht nur als Verkehrshindernis, sondern vor allem ideologisch im Wege stand. In der Wilhelm-Külz-Straße und der angrenzenden Kiezstraße ist die gesamte Bandbreite des Umgangs mit historischer Bausubstanz in der DDR durchgespielt worden: vom Abriss aus ideologischen Motiven oder mangels geeigneter Bauhandwerkskapazitäten über Restaurierung, Sanierung und Umbau bis hin zum kompletten Wiederaufbau zuvor abgerissener Gebäude als Fassadenkopie.

Auf die meisten Abrisse an der Wilhelm-Külz-Straße folgte jedoch moderner Wohnungsneubau mit der Plattenbauserie WBS 70, und das nicht immer dem Gebot des rechten Winkels folgend, sondern im nördlichen Abschnitt der Uferlinie der Neustädter Havelbucht angepasst, worauf man damals sehr stolz war. Zwischen all der Plattenpracht stehen sorgsam restauriert die Hiller-Brandtschen Häuser, zwei barocke Bürgerhäuser in Gestalt eines Palastes, gebaut auf Befehl König Friedrichs II. nach einem Londoner Vorbild. Paläste fürs Volk waren in Potsdam keine Erfindung des Sozialismus.

Die DDR-spezifische Entwicklung der Bauwirtschaft führte spätestens seit den 1970er Jahren landesweit zu Problemen bei der Sanierung der verfallenden Innenstädte. Die DDR bildete lieber Betonfacharbeiter statt Maurer und Stuckateure aus. In Potsdam reagierte man auf die Kapazitätsengpässe mit der 1,1-Tonnen-Bauweise: aus Betonfertigteilen zusammengesetzte Wohnhäuser im barocken Bürgerhausstil. Damit hoffte man die Innenstadt zu sanieren, was auf den Abriss der vernachlässigten barocken Bürgerhäuser und die anschließende Neubebauung hinauslief.

Erstmals realisiert wurde diese weitere Spielart der Potsdamer Kahlschlagsanierung Anfang der 1980er Jahre im westlichen Abschnitt der Gutenbergstraße, wo zwei komplette Straßenseiten fallen mussten, damit sich das Aufstellen eines Montagekrans lohnte. Die Gutenbergstraße ist Teil der Zweiten Barocken Stadterweiterung, einer unter König Friedrich Wilhelm I. in den 1730er Jahren planmäßig angelegten Neustadt, zu der auch das nicht nur bei Touristen beliebte Holländische Viertel gehört.

240 Jahre hatte dieses städtebauliche Ensemble aus über 500 Einzelhäusern einigermaßen heil überstanden und war als Flächendenkmal 1979 sogar in die Zentrale Denkmalliste der DDR (damals die höchste Denkmalkategorie) eingetragen worden. Nur wenig später sollten nicht unwesentliche Teile davon abgerissen und durch Neubauten aus Betonfertigteilen ersetzt werden, um das ehrgeizige, 1972 beschlossene Wohnungsbauprogramm der SED (»Jedem eine eigene Wohnung«) auch in der denkmalgeschützten Potsdamer Innenstadt durchzuziehen. Das Ergebnis wäre ein nicht wiedergutzumachender kultureller Verlust historischer Bausubstanz in gerade jenem Teil der Potsdamer Innenstadt gewesen, der die Bombardierung 1945 relativ unbeschadet überstanden hatte und seiner – mit den Mitteln der DDR-Ökonomie nicht zu leistenden – Sanierung harrte.

Gegen beides regte sich, wie andernorts auch, ab Mitte der 1980er Jahre bürgerschaftlicher Widerstand. Eine kleine Gruppe befreundeter Aktivisten um Michael Heinroth – Sohn eines evangelischen Pfarrers und damals Wahlpotsdamer, der sich bereits seit Jahren intensiv mit der Zweiten Barocken Stadterweiterung beschäftigte – plante ab 1987 gemeinsame Aktionen, um auf den Verfall und die drohenden Abrisse aufmerksam zu machen. Dazu zählten neben Fotodokumentationen und Zeitzeugengesprächen auch etliche Versuche, mit Verantwortlichen aller fachlichen und politischen Ebenen ins Gespräch zu kommen. Heinroth nahm zudem Kontakt zu Carlo Jordan und anderen Aktivisten vom Grün-ökologischen Netzwerk Arche in den evangelischen Kirchen der DDR (kurz Arche genannt) auf: Gemeinsam drehte man illegal Videomaterial über den allgegenwärtigen Verfall in Potsdam und Brandenburg. Auch für die Untergrundzeitschrift *Arche Nova* schrieb Heinroth einen ausführlichen Beitrag, der unter dem Pseudonym Michael Berger in der dritten Ausgabe im Februar 1989 erschien.

Als sich im Frühjahr und Sommer 1989 die Situation zuspitzte, weil Flächenabrisse in der Dortustraße und der Gutenbergstraße unmittelbar bevorstanden, bildete sich eine kleine Initiativgruppe, zu der auch der Verfasser dieses Beitrags gehörte. Über Westberliner Freunde nahm unsere Gruppe Kontakt zu westlichen Journalisten auf. Die damalige DDR-Korrespondentin der *Frankfurter Allgemeinen Zeitung*, Monika Zimmermann, kam nach Potsdam und schrieb ein flammendes Plädoyer gegen die Abrisse, das am 3. August 1989 in der *FAZ* erschien, ohne dass die »feindliche Kontaktaufnahme« aufflog. Natürlich war die konspirativ mit dem Westen hergestellte Öffentlichkeit vergeblich, wurde doch nur wenige Wochen später das Haus Dortustraße 68, in dem der Dichter Theodor Storm in den 1850er Jahren gelebt hatte und an dem wir noch wenige Tage zuvor heimlich eine Gedenktafel angebracht hatten, zusammen mit den umliegenden Gebäuden abgebrochen.

Doch da hatten wir uns längst entschieden. In nur sechswöchiger Vorbereitungszeit erstellte unsere Initiativgruppe die Ausstellung »Suchet der Stadt Bestes. Zur Rekonstruktion der Zweiten Barocken Stadterweiterung Potsdams«, die vom 10. September bis zum 8. Oktober 1989 unter dem Dach der evangelischen Nikolaikirche gezeigt und von Tausenden Potsdamern und Touristen besichtigt wurde.[9] »Wir bleiben hier«, hatten wir in unserer Eröffnungsrede verkündet – als ebenso naive wie trotzige Reaktion auf die immer stärker anschwellende Ausreisewelle Richtung Ungarn und Prag.

Das Motto lautete: Die Probleme dort lösen, wo sie entstehen. In der Potsdamer Stadtverordnetenversammlung vom 1. November 1989 erzwang die Bürgerinitiative ARGUS – es gab personelle Überschneidungen mit unserer Ausstellungsgruppe, aber auch neue, entschlossene Mitstreiter – den sofortigen Abrissstopp in der Zweiten Barocken Stadterweiterung. Schnell kam man als Polit- und Gremienneuling während der Wende- und Nachwendemonate in Kontakt zu Westberliner Denkmalpflegern, Stadtplanern und Architekten, die tatkräftig mithalfen, die äußerst sinnvollen Grundsätze einer behutsamen und sozialverträglichen Stadterneuerung in Potsdam zu etablieren. Der wenig später in Potsdam gegründete Sanierungsträger, zuständig für die Flächensanierung der Innenstadt, hat jahrelang von dem unkomplizierten Wissenstransfer profitiert.

Den Weichenstellungen dieser aufregenden Zeit ist es zu verdanken, dass bei der Sanierung der historischen Potsdamer Innenstadt auch soziale Themen eine Rolle spielten. Trotz der gewaltigen Rückübertragungswelle von Immobilien an Alteigentümer, die sich niemand im Osten zuvor hätte vorstellen können, wurde gerade in der Zweiten Barocken Stadterweiterung etwas bewahrt oder sogar reaktiviert. Es ist nicht das Alte, aber es erinnert zumindest ein wenig an die kleinteilige Sozial- und Gewerbestruktur, die uns 1989 bei unserer Erforschung der Geschichte des Viertels so begeistert hat.

Natürlich gab und gibt es in Potsdam auch nach 1989 architektonische und städtebauliche Themen, über die erbittert gestritten wird. Oft geht es dabei um die Deutungshoheit im Umgang mit verlorenen historischen Bauwerken. Einen Sonderfall stellt der seit 2005 geplante Neubau einer modernen Synagoge mit Gemeindezentrum in der Schlossstraße dar. Da der Standort der 1938 und 1945 schwer beschädigten alten Synagoge nicht mehr zur Verfügung steht, kam eine Rekonstruktion hier ohnehin nicht infrage. Doch die Projektbeteiligten konnten sich lange nicht über eine zeitgemäße Neuinterpretation des verlorenen Alten einigen. Seit dem Realisierungswettbewerb von 2009 ist ein Jahrzehnt verstrichen, ohne dass mit dem Bau begonnen wurde.

»Ceci n'est pas un château«, dies ist kein Schloss, hat die Künstlerin Annette Paul an die Fassade des Landtagsneubaus, in der Gestalt des untergegangenen Stadtschlosses, geschrieben. So beeindruckend der eine oder andere in den letzten Jahren teilrekonstruierte Prachtbau wie das Landtags-Schloss oder das Museum Barberini auch sein mag – das Herz der Stadt schlägt längst woanders. Man hört es deutlich.

1 Christoph Hein: *Gegenlauschangriff. Anekdoten aus dem letzten deutsch-deutschen Kriege,* Berlin 2019, S. 42.

2 Jörg Friedrich: *Der Brand. Deutschland im Bombenkrieg 1940–1945,* Berlin/München 2002, S. 524 f.

3 Wiederaufbau Garnisonkirche Potsdam: Bruch statt Kontinuität – Notwendig ist ein Lernort anstelle eines Identifikationsorts. Offener Brief an Bundespräsident Dr. Frank Walter Steinmeier, Kulturstaatsministerin Prof. Monika Grütters, Ministerpräsident Dr. Dietmar Woidke und den Oberbürgermeister der Stadt Potsdam Mike Schubert (Onlineversion: https://www.change.org/p/bundespräsident-dr-frank-walter-steinmeier-bruch-mit-den-rechtslastigen-und-militaristischen-traditionen-der-garnisonkirche-potsdam?recruiter=940117627&utm_source=share_petition&utm_medium=email&utm_campaign=share_email_responsive&recruited_by_id=d5fbcc40-3e52-11e9-a9cb-33455b4a3b7c, Stand: 6. Januar 2020).

4 Hans-Joachim Giersberg: *Das Potsdamer Stadtschloß,* Potsdam 1998, S. 285.

5 Friedrich Mielke: *Das Bürgerhaus in Potsdam,* 2 Bde., Tübingen 1972; hier Bd. 1, S. 80–82 und Abb. 38, Schadensplan 1945–1955.

6 Frank Werner: *Potsdam. Städtebau und Raumentwicklung seit 1935* (= *Beiträge und Materialien zur Regionalen Geographie,* Heft 3), Berlin (West) 1988, S. 29; Bau- und Kunstdenkmale in Potsdam. Stadtkreis und Landkreis, hrsg. vom Institut für Denkmalpflege, bearbeitet von Ingrid Bartmann-Kompa und Horst Drescher, Berlin 1990, S. 60.

7 METROPOLAR Potsdam (Hrsg.): *Und der Zukunft zugewandt. Potsdam und der gebaute Sozialismus,* Potsdam 2011.

8 Volker Oelschläger: Rechnerhalle wird 2019 abgerissen, in: *MAZ online* vom 5. September 2018, https://www.maz-online.de/Lokales/Potsdam/Rechnerhalle-wird-2019-abgerissen (Stand: 6. Januar 2020).

9 Michael Heinroth, Michael Zajonz: *»Suchet der Stadt Bestes.« Zur Rekonstruktion der Zweiten Barocken Stadterweiterung Potsdams,* Leporello im Eigenverlag, Potsdam 1990. Die vollständig erhaltenen, originalen Ausstellungstafeln wurden im Frühjahr 2019 im Haus der Brandenburgisch-Preußischen Geschichte ausgestellt und im Anschluss dem Potsdam Museum als Geschenk übergeben.

Knut Elstermann

Der Krieg im Frieden

Filme aus Babelsberg

Am 27. Januar 2020, dem Tag des Gedenkens an die Opfer des Nationalsozialismus, vergleicht der deutsche Historiker Claus Leggewie die unterschiedlichen Erinnerungskulturen in Ost und West in einem Beitrag für den *Tagesspiegel*. Er kommt zu dem Befund: »Die nach allseitiger Verdrängung entzündete Debatte in einer freien Presse, im öffentlichen Raum, an Schulen und Universitäten und in den Gedenkstätten war in der DDR systembedingt blockiert; Ausnahmen wie Jurek Beckers Roman ›Jakob der Lügner‹ und einige DEFA-Filme bestätigen nur die Regel.«

Die literarischen Leistungen von Christa Wolf, Franz Fühmann, Hermann Kant und vielen anderen Autor*innen, die jenseits des ritualisierten, offiziellen Gedenkens in ihren Werken nach individueller Schuld und Verantwortung fragten, werden so schlichtweg ignoriert. Ebenso unverständlich und herabsetzend ist die Formulierung »einige DEFA-Filme«, die so lediglich als rare Ausnahmen erscheinen. Tatsächlich haben bedeutende DEFA-Regisseure wie Konrad Wolf, Frank Beyer, Siegfried Kühn, Heiner Carow, Günter Reisch, Volker Koepp und Egon Günther lebenslang und auf sehr persönliche Weise mit dem schrecklichen Erbe von Faschismus und Krieg gerungen. Viele der antifaschistischen Bücher und Filme wirkten sehr wohl zurück auf die Debatten. Der gesellschaftliche Diskurs fand in der DDR eben nicht in den staatlichen Medien statt, sondern ganz wesentlich in der Kunst.

Die antifaschistischen Filme aus Babelsberg prägten das Geschichtsbild und die politischen Vorstellungen der Zuschauergenerationen in der DDR. Viele der Filme sind mit ihrer Kraft, ihrer humanistischen Botschaft bis heute gültiges DEFA-Erbe. Selbstverständlich müssen diese Filme kritisch hinterfragt werden: nach ihrem Beitrag zur Legitimierung des sozialistischen Staates, danach, wie antifaschistische Narrative benutzt wurden, um aktuelle ideologische Positionen der SED-Führung zu begründen, um die DDR als radikale Abkehr vom Faschismus, als Erbin der »besten deutschen« Traditionen erscheinen zu lassen.

Eine differenzierte Betrachtung zu den unterschiedlichen Einstellungen und Erzählweisen der Babelsberger Filmproduktionen lohnt sich, auch wenn sie hier nur angerissen werden kann. Zwischen dem pathetischen, geschichtsklitternden Heldenepos über Ernst Thälmann von Kurt Maetzig (1954/55) und dem sensiblen, berührenden Porträt einer Widerstandskämpferin, *Die Verlobte* (1980), von Günter Reisch und Günther Rücker liegen Welten.

Der Antifaschismus war nicht nur ein Gründungsmythos der DDR, sondern auch ihrer Filmfirma DEFA. Der herrschende Grundkonsens verpflichtete SED-Kader, Publikum und Künstler gleichermaßen zu einer klaren Haltung zum Wesen des Nazi-Regimes und seiner Verbrechen. Während es bei Gegenwartsthemen immer wieder zu Eingriffen und Verboten kam, boten antifaschistische Geschichten eine gewisse Sicherheit, erlaubten in der Regel ein konfliktfreieres Arbeiten. Doch auch hier ging es nicht ohne Widersprüche ab, vor allem wenn neue Wege beschritten, wenn Konventionen gebrochen wurden. Die künstlerisch sehr innovativen Filme *Das Beil von Wandsbek* (1951 unter der Regie von Falk Harnack gedreht, nach kurzer Zeit abgesetzt und stark verändert erst 1962 im Kino) und Heiner Carows *Die Russen kommen* (gedreht 1968, aber erst 1987 erstmals im Kino gezeigt) waren zunächst verboten.

Der Faschismus war im Verständnis der DDR eine radikale Steigerung imperialistischer Herrschaft, also eine Erscheinung des Klassenkampfes. Jede Abweichung von diesem Interpretationsmuster, jede Individualisierung musste gegen Widerstände ankämpfen. Schwierigkeiten und Konflikte entstanden, wenn die Filme sich auf unsicherem Gebiet bewegten, wenn sie ästhetisch oder inhaltlich die Vorgaben der SED verließen, wenn sie Fragen nach persönlicher Verantwortung für Verrat und Versagen stellten. Solche Tendenzen wurden anfangs bekämpft, vielleicht auch, weil sie unweigerlich Fragen nach dem individuellen Verhalten in der DDR implizierten.

An dem Film *Der Fall Gleiwitz* (1961) über den von den Nazis inszenierten Vorwand zum Zweiten Weltkrieg störte die Funktionäre der kühl-analysierende Ton, die formale Strenge, die scheinbar »objektive«, nicht »klassengemäße« Betrachtung. Im verbotenen, dann stark veränderten Film über den verfemten Künstler Ernst Barlach, *Der verlorene Engel* (1966), wurde eine »parteiliche« Position vermisst. Der in jeder Hinsicht mutige und ungewöhnliche Film *Dein unbekannter Bruder*

(1982) von Ulrich Weiß wurde wegen seines angeblichen Fatalismus angegriffen, aber auch wegen der zentralen Bedeutung des Verrats innerhalb einer Widerstandsgruppe. Die genannten Filme gehören zweifellos zu den besten Beispielen des kreativen filmischen Umgangs mit der faschistischen Vergangenheit.

DEFA – Synonym für Kinogeschichten

Für die Kinogänger in der DDR war der Potsdamer Ortsteil Babelsberg ein Synonym für das Filmemachen im Lande, an ihm kamen jene, die Geschichten im Kino erzählen wollten, nicht vorbei. Am 17. Mai 1946 übergab der Beauftragte der Sowjetischen Militäradministration in Deutschland, Oberst Sergej Tjulpanow, auf der Gründungsfeier der Deutschen Film AG, kurz DEFA, die Lizenz zur Herstellung von Filmen aller Art. Damit war die DEFA die erste Filmproduktionsfirma in Deutschland, die nach dem Kriege ihre Tätigkeit aufnahm.

Die DEFA übernahm das alte UFA-Studio und damit auch weitgehend die alten Strukturen: mit festangestellten Dramaturgen, Regisseuren, Technikern, mit exzellenten Handwerkern in den Werkstätten, mit dem noch heute genutzten Fundus an Requisiten und Kostümen. Viele Kulissen wurden eigens in den Studios gebaut, um ungestört drehen zu können. Die Stadt Berlin wurde allerdings schnell als Ort der Geschichte entdeckt. Die zerstörte, gespaltene und später wiederaufgebaute Metropole war in ihrer Zerrissenheit ein Spiegel für die Kluft, die durch Europa ging.

Gleich der erste DEFA-Film und damit der erste deutsche Nachkriegsfilm überhaupt setzte ein weltweit wahrgenommenes Zeichen: *Die Mörder sind unter uns*. Regisseur Wolfgang Staudte begann 1946 schon einige Tage vor der offiziellen DEFA-Gründung mit den Dreharbeiten. Staudte, der im Westteil Berlins lebte und zu einem der bedeutendsten DEFA-Regisseure wurde, drehte mit Hildegard Knef und Ernst Wilhelm Borchert in den Trümmern Berlins jene Geschichte vom Kriegsheimkehrer, der von seinem Gewissen gequält wird. Die Bilder der ausgebrannten Häuser, der Schuttberge auf den Straßen, bei den Nazis ein absolutes Film-Tabu, sprachen auch von den Verheerungen in den Seelen.

Wenig später drehte Gerhard Lamprecht seinen ebenso eindrucksvollen Film *Irgendwo in Berlin*, die erste DEFA-Produktion, die sich direkt an ein junges Publikum wandte. Der Film erscheint wie eine Fortsetzung des Klassikers *Emil und die Detektive* (1931). Regie hatte damals ebenfalls Lamprecht geführt. Auch hier jagt eine verwegene Truppe von Kindern einen Bösewicht durch die Stadt, in beiden Fällen sogar vom selben Darsteller gespielt: Fritz Rasp. Doch während in der Kästner-Verfilmung das alte Berlin schön, lebendig und weltstädtisch erscheint, ist es in dem Nachkriegsfilm nur noch eine einzige Trümmerlandschaft.

Diese frühen Produktionen, aber auch Filme wie *Ehe*

im Schatten und *Die Buntkarierten*, arbeiteten mit tradierten Erzählweisen, benutzten den UFA-Stil für eine scharfe Abrechnung mit dem Nazi-Regime. Der radikale Bruch mit der Vergangenheit erfolgte im Kino zunächst inhaltlich, nicht ästhetisch.

Große Publikumserfolge gelangen den DEFA-Regisseuren meist dann, wenn ihre Filme an die Erfahrungen ihrer Zuschauer anknüpfen konnten und sie damit emotional erreichten. Joachim Kunerts *Die Abenteuer des Werner Holt* (1965) nach dem ersten Teil des zweibändigen Romans von Dieter Noll erzählte packend von einem jungen deutschen Soldaten, der am Sinn des faschistischen Krieges zu zweifeln beginnt.

Ungewöhnlich in seiner autobiografischen Färbung war Konrad Wolfs Film *Ich war neunzehn* von 1968. Der Schauspielschüler Jaecki Schwarz spielte das Alter Ego des Regisseurs Konrad Wolf, der während des Krieges als blutjunger Emigrantensohn in sowjetischer Uniform in die fremde Heimat Deutschland gekommen war. Dieser Film ist wohl das einzige Beispiel, in dem die in der DDR tabuisierten Massenvergewaltigungen durch sowjetische Soldaten angesprochen wurden. Eine wichtige Episode in Konrad Wolfs Film spielt in der Zitadelle Spandau, in Szene gesetzt wird die kampflose Übergabe der Festung an die Sowjetarmee kurz vor Ende des Krieges. Dies konnte nicht am Westberliner Originalort gedreht werden. Der großartige DEFA-Szenenbildner Alfred Hirschmeier ließ das Tor und Teile der gewaltigen Mauern in Babelsberg nachbauen. Die Täuschung gelang perfekt.

Wie in der Literatur waren auch im DEFA-Film eine größere thematische Breite und eine differenziertere Betrachtung der Vergangenheit eher möglich als in den offiziellen Medien. Der Holocaust, im Geschichtsunterricht und in der Gedenkkultur gegenüber dem kommunistischen Widerstand marginalisiert, wurde in Filmen wie Frank Beyers *Jakob der Lügner* (1974) – der einzigen Oscar-Nominierung der DEFA – bewegend thematisiert. Auch Konrad Wolfs Filme *Sterne* (1959) und *Professor Mamlock* (1961) füllten eine Lücke und halfen, ein Bewusstsein für die antisemitische Verfolgung und die Massenvernichtung zu schaffen, die vom ritualisierten DDR-Gedenken nur ungenügend erfasst wurden.

Frank Beyers wirkungsvolle Romanverfilmung nach Bruno Apitz, *Nackt unter Wölfen* (1963), ist heute noch vielen DDR-Kinogängern in lebendiger Erinnerung. Die Handlung basiert auf Tatsachen – der Rettung eines jüdischen Kindes im KZ Buchenwald, dessen Baracken von Hirschmeier genau nachgebaut wurden. Der Film steht aber auch für die ideologisch begründete historische Verkürzung und Beschränkung, er feiert den kommunistischen Widerstand, blendet andere Opfergruppen des Lageralltags aus und diente so den staatstragenden, geschichtspolitischen Deutungsvorgaben.

Besonders eindringliche Filme gelangen immer dann, wenn die Heldenbilder gebrochen wurden, wenn wirkliche Menschen ins Bild traten, wenn sie im Leiden und Widerstehen sichtbar wurden. Dies gelang der DEFA während der 1980er Jahre immer häufiger. In solchen Filmen konnten hervorragend ausgebildete Schauspielerinnen und Schauspieler, alle mit Theatererfahrung, ihre große Kunst auch in Babelsberg entfalten.

In *Die Verlobte* (1980) berührte Jutta Wachowiak das Publikum als tapfere politische Gefangene. In *Der Aufenthalt* (1983), nach dem autobiografischen Roman von Hermann Kant, fesselte Sylvester Groth die Zuschauer*innen in seiner ersten Filmrolle als junger Wehrmachtssoldat, der seine Schuld begreift. In *Die Schauspielerin* (1988) zeigte Corinna Harfouch eine ihrer besten Rollen in der DDR. Es ist die Geschichte einer nichtjüdischen Frau, die für ihren jüdischen Geliebten nicht nur ihre Karriere, sondern ihr gesamtes altes Leben aufgibt und die Seiten wechselt. Solche Filme fanden in der DDR auch jenseits von Schulvorführungen und Pflichtveranstaltungen ein großes Publikum.

Babelsberg, das älteste Filmstudio der Welt, das fünf politische Systeme erlebte, ist ein noch immer funktionierender Organismus zur Herstellung von Filmen, kein Museum. Wer über das heute 420.000 Quadratmeter große Gelände wandert, wird dennoch überall Spuren finden, Zeugnisse einer filmischen Vergangenheit. Die DEFA nutzte das Studio am längsten, etwa 700 Filme entstanden bis zum Verkauf 1992. Die volkseigene DEFA war ein sozialistischer Großbetrieb mit zuletzt etwa 2.500 Mitarbeiter*innen, von denen mit der Abwicklung die meisten ihre Arbeit verloren. Nach der Wende wurden historische Gebäude restauriert und neue errichtet, Besitzer wechselten, und lange Zeit blieb es völlig unklar, ob Babelsberg überhaupt zu retten sei. Hoffnung machte die große internationale Produktion *Duell – Enemy at the Gates* (2001). Sie erzählt die Geschichte der Schlacht um Stalingrad. Die künstlerische Qualität des Films blieb allerdings weit hinter den Erwartungen zurück, die sich aus dem finanziellen und organisatorischen Aufwand ergeben hatten.

Wenn sich das Studio heute mit Werken über die Nazi-Zeit wie *Der Pianist* (2002) und *Operation Walküre – Das Stauffenberg-Attentat* (2009) schmücken kann, dann liegt das vor allem an der Attraktivität des geschichtsträchtigen Standorts Babelsberg und dem Know-how des verlässlichen Dienstleisters, zu dem das Studio inzwischen geworden ist. Auch Quentin Tarantinos *Inglourious Basterds* (2009) und George Clooneys *Monument Men* (2014) kamen mit ihren Nazi-Stoffen deshalb nach Babelsberg, angezogen von der filmhistorischen Vorgeschichte. Sie ließen naturgemäß keinen Bezug zum antifaschistischen Film der DDR-Zeit erkennen, von dem sie vermutlich kaum Kenntnis hatten. Aber auch in der vereinigten Bundesrepublik wird das antifaschistische Filmerbe längst nicht als integraler Bestandteil der deutschen Filmgeschichte verstanden. Babelsberg bleibt – bis auf »einige DEFA-Filme« – ein Sonderfall.

Autor*innen

Aleida Assmann

Geboren 1947 in Bethel bei Bielefeld, Professorin em. für Anglistik und Allgemeine Literaturwissenschaft an der Universität Konstanz. Schwerpunkt ihrer kulturanthropologischen Forschung sind das kulturelle Gedächtnis, das Erinnern und das Vergessen. Sie wurde vielfach für ihre Arbeit ausgezeichnet, u. a. mit dem A. H.-Heineken-Preis für Geschichte (2014), dem Balzan-Preis (gemeinsam mit Jan Assmann, 2017) und dem Friedenspreis des Deutschen Buchhandels (gemeinsam mit Jan Assmann, 2018).

Christoph Bernhardt

Geboren 1957, Historiker, Abteilungsleiter und stellvertretender Direktor am Leibniz-Institut für Raumbezogene Sozialforschung (IRS) in Erkner sowie apl. Professor an der Humboldt-Universität zu Berlin. Seine Forschungen und Publikationen befassen sich mit Problemen der europäischen Stadt- und Umweltgeschichte seit 1800 sowie der neueren Stadtplanungsgeschichte unter besonderer Berücksichtigung der DDR.

Knut Elstermann

Geboren 1960 in Ostberlin, studierte Journalistik in Leipzig und arbeitete als Redakteur bei verschiedenen DDR-Medien. Seit der Wende ist er freier Moderator und Filmjournalist, vor allem für den MDR und den RBB (radioeins). Als Autor von Fernsehfeatures und Büchern befasst er sich neben der Geschichte des Kinos in Osteuropa, Israel und der DDR mit zeitgeschichtlichen Themen.

Norbert Frei

Geboren 1955 in Frankfurt am Main, ist Professor für Neuere und Neueste Geschichte an der Friedrich-Schiller-Universität Jena und Leiter des »Jena Center Geschichte des 20. Jahrhunderts«. Er hat zahlreiche Publikationen zur deutschen Geschichte des 20. Jahrhunderts vorgelegt. Zuletzt erschien in Zusammenarbeit mit Franka Maubach, Christina Morina und Maik Tändler *Zur rechten Zeit. Wider die Rückkehr des Nationalismus* im Ullstein-Verlag.

Thomas Kersting

Geboren 1958 in Bonn, Studium der Ur- und Frühgeschichte in Bonn und München, Promotion zur Geschichte des Frühmittelalters in Bayerisch-Schwaben. Seit 1993 am Brandenburgischen Landesamt für Denkmalpflege und Archäologischen Landesmuseum BLDAM tätig, seit 2008 ist er Leiter des Dezernats Archäologische Denkmalpflege. Seine Spezialgebiete sind die Archäologie des slawischen Mittelalters und die zeithistorische Archäologie.

Katinka Meyer

Geboren 1982 in Bremen, studierte Soziologie, Geschlechterforschung und Pädagogik in Göttingen und promovierte mit einer empirischen Studie zum familialen Gedächtnis in der DDR. Ihre Dissertation erschien 2020 mit dem Titel *Wandel ostdeutscher Familiengedächtnisse. Erinnerungen an die »Vertreibung« zwischen Nationalsozialismus, Wende und Gegenwart.* Ihre Forschungsschwerpunkte sind Gedächtnisforschung und mehrgenerationelle Biografieforschung. Sie arbeitet als Bildungsreferentin in Berlin.

Manja Präkels

Geboren 1974 in Zehdenick/Mark, Schriftstellerin, Musikerin und Sängerin der Band »Der singende Tresen«. Sie ist Mitherausgeberin der erzählerischen Anthologie *Kaltland – Eine Sammlung*, eines Klassikers der Nachwende-Literatur. Ihr literarisches Werk wurde vielfach ausgezeichnet. Für ihren Debütroman *Als ich mit Hitler Schnapskirschen aß* erhielt sie 2018 den Deutschen Jugendliteraturpreis und den Anna-Seghers-Preis.

Andreas Röhring

Geboren 1958, Ökonom. Er ist wissenschaftlicher Mitarbeiter am Leibniz-Institut für Raumbezogene Sozialforschung (IRS) in Erkner. Seine Forschungsprojekte und Veröffentlichungen befassen sich mit Problemstellungen der Konversion von Militärflächen, der Entwicklung ländlicher Räume, der Herausbildung kulturlandschaftlicher Handlungsräume, der dezentralen Wirkung der Energiewende sowie der Kritikalität von Infrastrukturen.

Matthias Simmich

Geboren 1969 in Meerbusch, studierte Geschichte und Französisch in Berlin und Lyon. Seit 2003 arbeitet er in der Abteilung Schlossmanagement für die Stiftung Preußische Schlösser und Gärten Berlin-Brandenburg (SPSG). Als ausgewiesener Kenner des historischen Ortes der Potsdamer Konferenz kuratierte er 2012 die Dauerausstellung im Schloss Cecilienhof. 2020 ist er als Kurator der zentralen Jahresausstellung der SPSG tätig: »Potsdamer Konferenz 1945 – Die Neuordnung der Welt«.

Andreas Weigelt

Geboren 1963 in Lieberose, studierte Geschichte in Berlin und promovierte zur Geschichte des KZ-Außenlagers Lieberose. Seit 2003 leitet er die Dokumentationsstelle Lager Jamlitz der Evangelischen Kirchengemeinde Lieberose und Land. In verschiedenen Publikationen und Ausstellungen arbeitete er die Verfolgungsgeschichte im Nationalsozialismus und der ostdeutschen Nachkriegszeit auf. Zuletzt erschien *Vorwurf: Aktiver Nazi, Werwolf oder Agent. Die Verhaftungspraxis sowjetischer Geheimdienste in und um Bad Freienwade 1945–1955.*

Michael Zajonz

Geboren 1966 in Potsdam, studierte Kunstwissenschaft mit dem Schwerpunkt Denkmalpflege in Berlin und Bamberg sowie Neuere Geschichte in Berlin. Seit 1999 Kulturjournalist, Autor und Kurator. Im September 1989 gehörte er zu den Initiatoren der Ausstellung »Suchet der Stadt Bestes« in der Potsdamer Nikolaikirche, die zuletzt 2019 im Haus der Brandenburgisch-Preußischen Geschichte in Potsdam gezeigt wurde.

Fotograf

Frank Gaudlitz

Geboren 1958, nach einer Lehre als Maler und Fußbodenleger studierte er am Institut für Heimerzieherausbildung in Hohenprießnitz. Von 1987 bis 1991 erfolgte das Studium der künstlerischen Fotografie bei Arno Fischer an der Hochschule für Grafik und Buchkunst in Leipzig.
Frank Gaudlitz arbeitet analog an selbstkonzipierten Langzeitprojekten insbesondere in Russland, Osteuropa und Südamerika. Seine großen fotografischen Folgen »Die Russen gehen«, »zwischen zeiten«, »Warten auf Europa«, »Casa Mare«, »Sonnenstraße« und »A Mazo« spannen einen Bogen zwischen epochalen Ereignissen und Einzelschicksalen. Sie wurden in Bildbänden und internationalen Einzelausstellungen veröffentlicht und vielfach mit Preisen und Stipendien ausgezeichnet. Zuletzt erschien sein Bildband *RUSSIAN TIMES 1988–2018.*
www.frank-gaudlitz.de

Redakteur*innen

Christian Müller-Lorenz

Geboren 1984 in Berlin, studierte Geschichte und Philosophie an der Universität Potsdam. Von 2011 bis 2013 war er wissenschaftlicher Mitarbeiter und Lehrbeauftragter am Historischen Institut der Universität Potsdam und anschließend kommissarischer Leiter der Potsdamer Gedenkstätte Lindenstraße. In diesem Zusammenhang entstanden verschiedene Ausstellungen zur Geschichte der politischen Verfolgung in der Zeit des Nationalsozialismus, der sowjetischen Besatzung und der DDR. Seit 2017 arbeitet er als Projektmanager der Themenjahre »Kulturland Brandenburg« bei der Brandenburgischen Gesellschaft für Kultur und Geschichte gGmbH.

Noemi Schneider

Geboren 1982 in München, studierte an der Hochschule für Fernsehen und Film in München Regie im Bereich Dokumentarfilm und Fernsehpublizistik. Seit 2008 arbeitet sie als freie Autorin für Film, Funk und Print u. a. für Deutschlandfunk Kultur, Deutschlandfunk, BR, *FAZ, FAZ Woche.* Nebenbei schreibt sie ausgezeichnete Kurzgeschichten, Reportagen und Essays. 2017 erschien ihr Debütroman *Das wissen wir schon* bei Hanser Berlin. 2019 erschien ihr Essay »Abschied von Gestern« in der Anthologie *Kein schöner Land. Angriff der Acht auf die Deutsche Gegenwart* bei C.H. Beck.

Bild- und Abbildungsnachweise

Frank Gaudlitz/frank-gaudlitz.de Abb. auf dem Cover und 27, 29, 31, 33, 35, 37, 39–41, 43, 45, 47–49, 51, 67–73, 91–107, 116, 124 (Stiftung Preußische Schlösser und Gärten Berlin-Brandenburg), 131, 133, 135, 137, 139, 141, 143, 145, 147, 149, 151, 153, 155

BLDAM 115 (S. Schwarzländer)

Bundesarchiv 130 (BArch, Bild 170-378, M. Baur), 140 (BArch, Bild 170-383, M. Baur)

Förderverein Heimatmuseum der Stadt Rathenow e.V. 136

Günter Kahl, Privatbesitz 42

Hans Henseke, Privatbesitz 38

Heinz Fritz August Brandt, Privatbesitz 44

Heinz Schuster, Privatbesitz 50

Herbert Brettschneider, Privatbesitz 46

Historisches Stadtarchiv Prenzlau 152

Horst Riccius, Privatbesitz 30

Klaus Nickel, Privatbesitz 36

Museum Fürstenwalde 146

Museumsverein der Stadt Forst (Lausitz) e.V. 144

Museum Viadrina 132, 138

Stadtarchiv Cottbus, Fotosammlung 134, 154

Stadt Guben 142

Stadtmuseum Brandenburg an der Havel 150

Werner Moritz, Privatbesitz 28

Willi Wolf, Privatbesitz 34, 148

Herausgeber

Brandenburgische Gesellschaft für Kultur und Geschichte gGmbH, Kulturland Brandenburg, Potsdam

KRIEG UND FRIEDEN

1945 UND DIE FOLGEN IN BRANDENBURG

KULTURLAND BRANDENBURG 2020

kulturland-brandenburg.de

Konzeption und Redaktion

Christian Müller-Lorenz und Noemi Schneider

Bildkonzeption und Fotos

Frank Gaudlitz/frank-gaudlitz.de

Redaktionskollegium

Brigitte Faber-Schmidt, Brandenburgische Gesellschaft für Kultur und Geschichte gGmbH, Kulturland Brandenburg

Sylvia Heilgendorff, Ministerium für Infrastruktur und Landesplanung des Landes Brandenburg

Frank Kober, Ministerium für Wissenschaft, Forschung und Kultur des Landes Brandenburg

LAND BRANDENBURG

Kulturland Brandenburg 2020 wird gefördert durch das Ministerium für Wissenschaft, Forschung und Kultur des Landes Brandenburg sowie das Ministerium für Infrastruktur und Landesplanung.

L&H Verlag

in der Verlagskooperation *lesen* lokal (hendrik Bäßler Verlag, L&H Verlag, terra press, Verlag für Regional- und Zeitgeschichte/ Die Mark Brandenburg)

ISBN 978-3-9396-2961-0

Bibliografische Information der Deutschen Nationalbibliothek: Die Deutsche Nationalbibliothek verzeichnet diese Publikation in der Deutschen Nationalbibliografie; detaillierte bibliografische Daten sind im Internet unter dnb.dnb.de abrufbar.

Herstellung: Manuel Lindinger, L&H Verlag

Gestaltung & Cover: Mareike Hutsky, L&H Verlag

Lektorat: Thies Schröder, L&H Verlag
Konrad H. Roenne, Head of Text

Satz: typegerecht berlin

printed in the EU

für Brandenburg

Investitionsbank des Landes Brandenburg ILB

Mit freundlicher Unterstützung der brandenburgischen Sparkassen und der Investitionsbank des Landes Brandenburg